감정을 제대로 이해하고 받아들이자

마음 다루기

감수 | 와타나베 야요이 · 편저 | 기무라 아이코

시작하며

"감자는 땅속에서 생기는 거구나!", "카레, 처음 먹어 봐! 정말 맛있어!"
아이들은 매일 다양한 일들을 경험하고, 여러 가지를 발견합니다. 세상은 처음 경험하는 일들로 가득 차 있으며, 매일매일을 놀라움과 감동으로 보내고 있습니다.
물론, 좋은 일만 있지는 않을 것입니다. 잘 알지 못하는 것투성이라 "그런 거 하면 안 돼!" 하고 혼나기도 하고, 위험을 예측할 수 없어 다치기도 하고, 상대방의 기분을 몰라서 싸우기도 하는 등 긴장과 불안이 연속되기도 할 것입니다.
이러한 매일의 체험 속에서 아이들은 다양한 감정을 몸에 익히고, 다양한 지혜를 학습해 갑니다.
한편, 아이들의 지능에 관심을 가지고, 그것에 중점을 둔 어른들은 매일 무언가를 학습시키려는 경향이 있습니다.
그 때문에 "빨리빨리!", "왜 모르는 거야?", "아까도 말했잖아!"와 같은 말들이 입버릇이 되어, 아이들이 새로운 감정을 키우고 풍부한 지혜를 배우고 싶다는 의욕마저 빼앗아 버리고 맙니다.
그 결과일까요. 지식을 많이 알아도 공부를 많이 해도, "재미없어", "어차피 나 따위"라며, 학교로 가는 발걸음이 무거운 아이들이 늘고 있는 것 같습니다.
'신기하다', '재미있다', '두근두근하다', 이러한 감정이 일어나야 공부할 의욕이 생깁니다. 그러면 다른 사람에게 인정받기도 하고, 칭찬받아서 힘이 나기도 하면서 자신에 대한 자신감이 생겨납니다.
보육·교육 현장에 몸을 담고 있다 보면, 세상에는 다양한 사건과 인간관계 때문에 감정이 발달해 가는 회로, 감동과 기쁨, 화와 슬픔을 느끼고 이해하는 '감정 센서'가 충분하게 기능하지 못하는 아이들을 만날 때가 있습니다.
이 책에서는 감정 회로를 제대로 연결하고 센서의 기능을 발달시키기 위해, 자신의 기분을 조절하거나 자신과 타인의 마음을 깨닫거나, 타인과 커뮤니케이션할 수 있는 방법과 요령을 알려 주는 50가지 활동을 소개합니다.
개별적으로 대응하는 것도 가능하고, 반이나 학교 전체, 더 나아가 사회 교육 현장에서도 이용할 수 있는 활동입니다. 반드시 발달 상황에 맞춰서 진행해 주세요.
아이들의 행복을 바라는 보호자, 보육·교육 관계자분들에게 도움이 되길 마음 깊이 바랍니다.

호세이대학 심리학과 교수
와타나베 야요이

차례

시작하며……3

이 책의 사용법……6

[이것만큼은 꼭] 아이의 감정을 키우기 위해서(보육자·교사께) ……8

❶ 자신의 감정 깨닫기

1) 사고법과 기분의 관계……18
2) 기분을 표현하는 다양한 말……20
3) 감정에는 여러 가지 종류가 있다……22
4) 기분은 몸으로 나타난다……24
5) 자신의 표정을 보자……26
6) 기분을 표정으로 드러내 보자……28
7) 몸짓으로 기분을 표현하자……30
8) 기분은 목소리와 연결되어 있다……32
9) 자신의 '버릇'을 찾아보자……34
10) 감정을 표현해 보자……36
11) 시간이 흐르면 기분은 변화한다……38

칼럼 ① 훈육과 감정……40

❷ 다른 사람의 감정 깨닫기

12) 친구의 기분을 이해하는 말을 찾자……42
13) 몸짓에서 기분을 생각해 보자……44
14) 상대방의 기분을 목소리로 이해하기……46
15) 불쾌한 기분이란 무엇인가?……48
16) 모두 다양한 기분을 가지고 있다……50
17) 기분에는 강약이 있다……52
18) 친구의 좋은 점을 찾아보자……54
19) 주변 사람이 곤경에 처했다면……56
20) 친구의 기분에 다가가 보자……58
21) 친구와 어울릴 수 있는 말……60

칼럼 ② 독서와 감정……62

❸ 자신의 감정을 조절하기

22) 왜 기분을 조절해야 할까?……64
23) 작은 짜증을 내뱉자……66
24) 짜증을 컨트롤하는 스킬……68

25) 긴장을 풀기 위해서……70
26) 무서워서 어쩔 줄 모를 때는 주문을 외워 보자……72
27) '미안함'을 방해하는 기분……74
28) 참는 힘 기르기 ……76
29) 사물을 보는 시각을 바꾸는 리프레이밍 방법……78
30) 다시 일어서는 힘(회복력) 기르기……80
31) 기분과 행동의 관계를 이해하기……82
32) 기운이 나는 방법을 찾아보자 ……84
33) 음식의 맛있음을 느껴 보자……86
34) 주변 소리에 귀 기울여 보자……88
35) 천천히 호흡하자 ……90
36) 마음이 편해지는 촉감을 찾아보자……92
37) 몸을 움직여서 릴랙스하기……94
38) 색으로 기분이 바뀐다……96
39) 어떤 냄새를 맡으면 기분이 좋아질까?……98
40) 나의 스트레스 해소법……100
칼럼 ③ 친구와 감정……102

④ 친구와 잘 어울리기

41) 주위 사람과의 관계를 깨닫기……104
42) 친구는 어떤 사람?……106
43) 마음의 말 주머니를 생각해 보자……108
44) 친구가 되어 보자……110
45) 싸워도 화해할 수 있다……112
46) 상냥하게 부탁하는 스킬……114
47) 원만하게 거절하는 스킬……116
48) 마음이 전해지는 사과법……118
49) 문제 해결의 단계……120
50) 다 함께 즐겁게 노는 방법……122
칼럼 ④ 놀이와 감정……124

참고 문헌……125
대상 연령, 대상 인원수의 참고 예……126
후기……127

이 책의 사용법

아이들이 몸에 익혀야 할 사회적 스킬과 그 과제를 좌우 양면 페이지로 구성하였습니다.

◆ **좌측 페이지**

우선은 보육자·교사가 이 페이지에서 다룰 스킬의 내용을 이해하기 위해서 【아이를 이해하기 위한 활동】을 해 봅니다. 실제로 활동을 함으로써 아이들에게 키우고 싶은 감정력을 구체적으로 이해할 수 있습니다.

◆ **대상 인원수 · 대상 연령**

'활동'을 할 때, 개별/반별/전교생 등 목표나 목적에 따라 방법이 달라집니다. 아이의 특성과 발달 단계에 따라, 가정, 반, 학교에서 진행할 때 주의해 주세요.

이 책은 유아에서 초등학교 저학년생까지를 대상으로 하고 있습니다. 아이들의 이해력과 의욕에 따라, 교재의 사이즈나 학습 도구(카드, 그림 연극, 파워포인트 등), 질문 방법 등을 연구하여, 다른 연령대를 대상으로도 가르치는 것이 가능합니다. 126페이지에 참고 예가 있습니다.

◆ 우측 페이지

【활동】은, 가정이나 유치원·학교에서 그대로 사용할 수 있습니다. 가정에서는 부모와 아이가, 유치원이나 학교에서는 페어(pair) 활동이나 그룹을 활용하여 게임처럼 즐겁게 가르치는 것이 효과적입니다.

【포인트】는 가르치는 목표나 유의점 등을 심리학적 관점으로 다루면서, 항목별로 나누었습니다. 포인트를 우선 숙지하고 활동에 임해 주세요. 활동의 전개나 결과는 아이들에 따라 다양합니다. 실천해 본 후에 아이디어를 더해 나가 보세요.

'마음 학습'에는 반드시 이렇게 해야 한다는 정답이 없습니다. 사람의 기분은 각각 다르고, 그 다름을 받아들이고 이해하는 것으로 풍부한 인간관계를 구축할 수 있는 것입니다.

◆ 학교에서 할 때는

반 '조회 시간'이나 '종례 시간', 학급 활동 중에도 지속적으로 할 수 있는 활동, 또는 즐거운 게임으로서 참여할 수 있는 다양한 활동을 소개하고 있습니다. 또한, 전교생이 다 같이 진행할 수 있는 것도 있습니다. 다양한 연구를 더하여, 더욱 효과적인 마음 학습 교재로 사용해 주세요.

◆ 항목의 순서

50가지 항목은 간단한 과제 순으로 나열되어 있습니다. 단, 반드시 지켜야 하는 것은 아닙니다. 가르치고 싶은 항목이나 아이가 익히길 바라는 것부터 신행해도 괜찮습니다.
'아이들이 즐겁게 공부할 수 있을 것 같은 것'을 뽑아서 가르쳐도 좋고, '아이들이 이런 식으로 마음을 이해하고 표현할 수 있으면 좋겠다.'라는 항목을 중점적으로 가르쳐도 좋습니다. 항목을 선택할 때, 대상 인원수와 대상 연령을 참고해 주세요.

◆ 모든 어른들에게도

이 책은 '마음의 전달', '마음의 이해', '마음의 관리'란 감정의 응용력을 아이들이 익히기 위한 활동을 모은 것이지만, 어른이 자신과 타인의 마음을 정리하는 활동으로도 사용할 수 있습니다.

*이 활동은 교육 목적으로 사용하실 경우, 일부에 한하여 복사하여 이용하실 수 있습니다.

【이것만큼은 꼭】 아이의 감정을 키우기 위해서(보육자·교사께)

1. 감정 응용력을 배운다

❶ 마음의 존재를 깨닫다

어른은 아이들에게 항상 건강하고 열심히 해 주길 바라는 경향이 있습니다. 깔깔하고 즐겁게 웃는 모습을 기대하지요. '심술쟁이나 울상을 짓는 아이가 아닌, 구김 없이 쑥쑥 자라 주길' 하고 바라고 계실 것입니다.

하지만 아이들은 성장하면서 어른 이상으로 불쾌한 감정을 경험하기도 합니다. 경험하지 못했기 때문에 예민하고, 말로 표현할 능력도 없고 시야가 좁은 만큼 스트레스가 쌓이게 됩니다. 온몸으로 울며 소리치거나 땅에 닿을 것처럼 고개를 숙이거나, 어떤 것에도 의욕을 보이지 않게 돼 버릴 수도 있습니다.

유아기부터 초등학교 저학년 정도의 아이들은 아직 '마음과 감정'의 존재를 알지 못합니다. 자신이 무엇을 느끼고 있는지, 생각하고 있는지, 하려고 하는 행동의 주체로서의 자신이 아직 미완성인 존재입니다. 그래서 어떠한 자극에 갑자기 반응하고 폭주하는 것입니다.

기분을 표현하는 말과 몸짓을 이해하지 못하고, 주위 사람의 기분을 제대로 읽지 못하여, 도움을 요청하는 것도 할 수 없습니다. 그런 상태에 어른은 혐오감을 나타내고, 억누르려고 하지요.

아이들이 불쾌하다는 사인을 나타내도 혼내고 마는 경우가 많아서, 더욱더 온몸으로 슬픔이나 분노를 나타냅니다. 제어의 방법조차 제대로 알지 못하므로 진이 빠질 때까지 불쾌한 기분에 휘둘리고 맙니다.

우리 어른들도 전혀 말이 통하지 않는, 상상도 할 수 없는 환경에 놓이게 된다면 어떻게 될까요? 온몸이 불안에 휩싸이게 될 것입니다. 표정이나 몸짓도 읽어 내지 못하고 마음을 전하는 말도, 친하게 지내는 기술도 모르기 때문에 아우성치거나 화내거나 할지도 모릅니다. 게다가 그런 상황에서 혼나기까지 한다면 어떨까요?

어른이 해야 할 것은 이러한 상황을 이해한 후에 아이들에게 마음의 존재를 깨닫게 하고, 느낀 감정을 "기뻐!"나 "슬퍼."라는 말로 표현하는 법을 가르치는 것입니다. 타인도 똑같이 마음을 가지고 있고, 그 마음이 때로는 일치할 때도 있지만, 다를 때도 있다는 것을 체험을 통해 가르쳐 나가야 합니다.

아이들은 성장하는 과정에서 여러 다양한 상황에 놓이므로 자신의 마음을 관리하는 방법과 요령을 배울 필요가 있습니다. 이러한 감정에 대한 규칙이나 지식은 【감정 응용력】이라고 불리는데, 아이들이 자연스럽게 몸에 익히는 것만으로는 부족하므로 체계적으로 어른이 가르쳐야 합니다.

❷ 마음을 기른다

아이들은 어떻게 '기분'을 몸에 익히는 것일까요? 불쾌할 때는 울었던 아기 때부터, 자아가 싹튼 후 장난감을 뺏기면 화내고, 좋아하는 놀이를 하면 신나고, 칭찬받으면 기쁘고, 혼나면 토라지고 슬퍼지는 등 나날이 겪는 경험 속에서 다양한 기분이 일어나는 것을 배우게 됩니다. 어른이 아이의 불쾌한 기분을 부정하려고 "화내지 마! 울지 마!"라고 혼내면, 아이의 기분은 그저 제압당할 뿐입니다. 마음속에서 일어난 감정에 이름이 있다는 것을 알려 주고, 그 마음이 일어난 이유를 설명하여 어떻게 관리할 수 있는지를 가르쳐 줘야 합니다.

"엄마가 돌아와서 기쁘지?"라든가, "장난감을 뺏겨서 화났구나."라고 말을 걸어 주면, 아이는 자신의 기분을 깨닫고, 왜 감정이 생기는 것인지 이유를 배울 수 있게 됩니다.

① 지도(instruction)=아이들이 이해할 수 있도록 설명하는 것이 중요합니다.

② 모델링(modeling)=아이들은 감정 관리 방법을 부모나 주위 사람들을 관찰하며 배웁니다. 그러므로 쉽게 화를 내는 아빠나 엄마의 곁에서 자라면, 짜증을 내기 쉬운 행동 경향이 몸에 밸 가능성이 높습니다. "상냥해야지!!"라며 격노하는 방법으로 아이는 상냥함을 배울 수 없습니다.

③ 리허설(rehearsal)=일상생활 속에서 '화내지 않도록 참자.' 또는 '울지 않도록 하자.'와 같은 다짐을 연습해 나갑니다.

④ 피드백(feedback)=제대로 행동할 수 있게 되었다면 "화내지 않고 잘했네."라고 칭찬하고, 그렇지 않을 경우에는, "소리 지르지 말고, 하지 말라고 말해 봐."라고 구체적으로 조언해

줍니다.
⑤ 도전(challenge)=다른 상황에서도 "해 보자."라고 권유하며, 다양한 상황에서 응용할 수 있도록 합니다.

❸ 우선 어른부터 감정을 풍부하게

아이가 자신의 감정을 손에 쥐기 위해서는, 우선 어른이 감정을 풍부하게 그리고 그 풍부함을 표현해야 합니다. 긍정적인 감정을 표현할 때, '기쁘다', '즐겁다' 이외에 얼마나 많은 말을 떠올릴 수 있으신가요? '상쾌하다', '산뜻하다', '개운하다', '마음이 설레다' 등 다양한 말을 몸에 익히면 어른도 감정이 풍부해질 수 있습니다.

부정적인 감정도, '분하다', '쓸쓸하다', '슬프다', '비참하다' 등 다양한 말을 많이 알고 표현하면 자신의 기분을 올바르게 받아들일 수 있습니다.

올바르게 자신을 이해할 수 있다면, 그러한 생각을 다른 사람에게 제대로 전하는 것도 가능하게 됩니다. 우선, 어른이 마음이 존재한다는 것에 대한 소중함과 관리 방법을 몸에 익히는 것이 중요합니다. 그리고 아이들에게도 그 소중함과 대응 방법을 실제 경험 속에서 가르쳐 줍시다.

2. 아이의 요구에 응한 '감정'으로의 지원

❶ 3단계 '원조 서비스'

아이들은 학교생활을 통해서 지식뿐만 아니라, 사람과 사귀는 법을 배웁니다. 보호자나

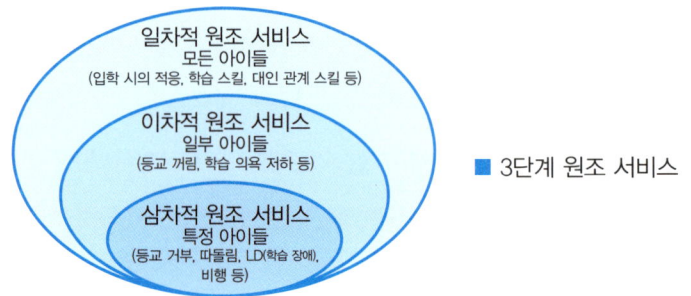

보육·교육에 종사하는 분들은 아이가 학습과 인간관계 등에서 과제에 직면했을 때, 그 과제를 해결해 가는 힘을 키워 주어야 합니다.

이러한 아이의 성장을 지지하는 지원을 '원조 서비스'라고 부르며, 3단계로 나타낼 수 있습니다. (그림 참조, 이시쿠마 1999).

● 일차적 원조 서비스

모든 아이들이 대상이 되는 지원입니다. 예를 들어, 초등학교나 중학교 입학 시, 새로운 환경에 적응할 수 있도록 하는 관련 활동이나 수업 등에서 자신과 타인의 감정에 대해 이해하고 자신의 감정과 친구와 원활하게 사귀는 방법을 배우는 등, 이러한 것이 해당됩니다. 모든 아이들에게 필요한 지원을 반, 그리고 더 나아가 학교 전체라는 집단에서 제공하는 범위라고 할 수 있습니다.

● 이차적 원조 서비스

약간 개별적인 관계가 필요한 아이들이 대상이 됩니다. '최근 지각이나 조퇴가 늘고 있다', '자꾸 쉬려고만 한다', '잊어버리는 물건이 많다', '금방 화내거나 운다' 등, '최근 약간 신경 쓰이니까 상담해 보자.'와 같이 개별적 지원을 해야 할 필요가 있다고 생각되는 아이들이 대상입니다. 감정에 관한 활동을 이해하지 못하거나, 활동 중의 대답이나 수업 중의 태도와 발언에서 신경 쓰이는 점이 있었던 아이들에게는 개별적으로 대응합니다.

● 삼차적 원조 서비스

개별적인 관계가 필요한 아이들이 대상입니다. 항상 짜증을 내고 감정 컨트롤을 하지 못하여, 친구를 때리거나 물건을 부수거나 하는 아이들에게는 반 수업만으로 대응하는 것은 충분하지 않습니다. 그 아이에게 맞는 지원을 커스터마이즈(customize)할 필요가 있기 때문입니다. 예를 들어, 그 아이가 감정의 프로세스 어딘가에서 곤란을 겪고 있고, 어떤 지원이 필요할지, 이러한 시각으로 평가합니다. '자신의 감정을 이해할 수 없는지', '감정이 일어났을 때 몸의 느낌을 파악하기 어려운지' 등, 그 아이가 겪는 실패를 평가해 나갑니다.

따돌림이나 가정 폭력 등으로 인간관계에서 상처받은 경험이 있는 아이는 부정적인 감정을 억압하고 있을 가능성이 있습니다. 그 경우, 수업으로 인해 억압하고 있던 감정이 나타나,

어떻게 컨트롤하면 좋을지 모르는 상태가 되어, 수업 중에 반항하거나 "하기 싫어."라고 말하며 울적해 하는 일이 있을 수 있습니다.

이럴 경우, 개별적으로 대응하는 것이 중요합니다. 아이의 마음을 경청하고 그런 기분이 된 이유를 이해합니다. 특히 따돌림이나 가정 폭력 등 부정적인 경험을 해 온 아이에게는 【감정 활동】를 조금씩 하며, 억압되어 온 부정적인 감정을 표출시켜, 그것을 받아들일 수 있도록 감정 정리를 지원합니다.

3단계의 원조 서비스를 바탕으로 아이들의 상황을 파악한 후, 그것에 상응하는 지원을 시행하는 것이 굉장히 중요합니다.

❷ **쉬운 것부터 어려운 것으로**

감정을 나타내는 말은 무수히 많습니다. '분노', '기쁨', '슬픔'과 같은 기본적인 감정부터 '애달프다', '덧없다', '처량하다' 등 굉장히 복잡하고 한마디 말로 표현할 수 없는 감정까지 다양합니다.

게다가 '기쁘지만, 왠지 쓸쓸해', '이해하지만, 용서 못 해'와 같이, 여러 감정이 섞인 복잡한 기분도 있습니다. 복잡한 기분이 뒤섞인 감정은 어른도 다른 사람에게 전하는 것과 자기 자신의 마음속에서 정리하기 답답할 때가 있습니다.

이렇듯 감정을 말로 표현하는 것은 어려운 일입니다. 그렇기 때문에 아이에게 가르칠 때는 '즐겁다', '기쁘다', '화난다'와 같은 기본적인 감정부터, 상황을 이해하기 쉬운 익숙한 사건을 예로 들어 가르칩니다.

초등학교 고학년 이상이 되면, 같은 상황에서도 느끼는 감정이 다른 경우가 생깁니다. 예를 들어, 인사했는데 친구가 모른 척 지나간 사건에 대해, '짜증 나'라고 화를 느끼는 아이도 있지만, '무시당해서 슬퍼', '내가 잘못한 일이 있나?' 하고 불안을 느끼는 아이도 있습니다. 상황이나 사람에 따라 감정을 느끼는 법이 다르다는 것도 가르쳐 주세요.

3. 학교에서의 연구·활용의 방법

❶ 기분 언어를 기르자

초등학교 저학년 아이들의 작문 중에는, 사실에 대해서는 순서대로 자세히 쓸 수 있지만, 기분에 관한 서술은 마지막의 한 문장, '즐거웠습니다'만 있다는 이야기를 자주 듣습니다. 실로 간단하게 기분이 표현되어 있습니다만, 쓴 아이에게 이때의 상황을 물어보면, 사실은 다양한 기분의 움직임이 있습니다. 그 기분의 움직임에 맞는 말을 모르기 때문에, 자신의 기분을 정리하여 파악하거나 문장으로 표현할 수 없는 것입니다.

반에서 혹은 학년, 학교에서, 아이가 자신의 기분을 말로 표현할 수 있게 된다면, 그것은 서로를 이해하는 따뜻한 경험으로 이어집니다. 그리고 친구의 기분을 이해하려고 하는 자세가 자라나고, 이윽고 상대방을 배려하는 행동을 생각할 수 있게 됩니다.

❷ '너의 그 기분은…'이 아니라 '기분이라는 것은…'

그러면 학교생활 속 어떤 상황에서 기분 언어를 키울 수 있을까요? '기쁘다', '즐겁다', '싫다', '짜증 난다', '슬프다', '분하다' 등의 다양한 기분은, 상황에 따라 "그런 일이 있으니까 이런 기분이 들었구나."라고 어른이 언어화하여 제시하면, 아이는 '이런 기분이 들 때 이런 말을 하면 전해지는구나.' 하고 배우게 됩니다.

하지만 반이나 학교라는 큰 집단 속에서 한 명 한 명의 아이의 기분에 따른 적절한 말을 적절한 타이밍에 가르치는 것은 쉬운 일이 아닙니다. 그중에서도 문제로 인해 발생한 부정적인 기분에 대해, 그 자리에서 대응하는 것이 반드시 적절하다고는 할 수 없습니다.

어떤 말을 들었는지를 재현하면 '나쁜 말을 들어서 기분이 나빴다.'라는 기분을 재인식시키므로, 상대방에 대한 혐오감을 키울 수도 있습니다. 또, '열심히 만든 작품이 부서진 슬픔'에 깊이 공감하면, 아이가 슬픔에 사로잡히는 경우도 있습니다.

'너의 그 기분'을 재인식하거나 되새기는 것으로 인해, 부적정인 감정이 강화되어 스트레스가 되거나, 자신이 불쌍한 존재인 것처럼 느껴져 자존감이 저하되지 않도록 세심한 주의가 필요합니다.

이 책에서는 문제가 일어난 후에 '어떤 기분이었는지'를 실마리로 서로를 화해시키는 방법이 아니라, 여러 다양한 일상생활 속 상황을 되새기면서 '기분이란 이런 것', '자신과 상대방의 기분은 다르다'라는 것을 이해시키는 활동을 소개하고 있습니다. 이 '기분의 이해'로부터 서로를 이해하는 것이 시작됩니다.

❸ 긍정적인 기분을 가르치는 것을 우선하여

집단 속에서 기분이 문제가 되는 것은, 행복한 상황보다는 오히려 문제가 일어났을 때라고 생각되지만, 우리가 우선 아이들에게 이해하고 표현해 주길 바라는 것은 부정적인 감정보다는 긍정적인 감정 표현입니다. 문제의 유무와는 상관없이, 개인, 집단, 반 단위로 몇 가지 활동을 시리즈처럼 진행하는 것을 추천드립니다.

4. 보호자 여러분에게

❶ 가정은 흉내 내고 시험해 보는 곳

'가정에서'라는 말은 특별한 것을 해야 할 것처럼 생각되어, 허들이 높다고 생각할지도

모릅니다. 아이들에게 가정은 유치원이나 학교와는 달리, 가족과 자신의 물건으로 둘러싸여 편히 쉴 수 있는 장소입니다.

일상생활 속에서 가족의 행동을 따라 하며, 자연스럽게 사람과의 관계를 맺는 법과 감정 표현을 익히고, 가정 속에서 시행착오를 반복하며, 사회에서 통용되는 '기분 언어'와 '사회적 스킬'을 다듬어 갑니다.

❷ 잠깐의 '함께하는 시간'을 활용하기

가정 속에서 '기분 언어'나 '사회적 스킬'을 몸에 익히기 위해서 특별한 준비는 필요 없습니다. 함께 목욕하거나, 함께 TV를 보거나, 같은 이불을 덮는 등, '함께하는 시간'이 분명 있을 것입니다. 보호자가 '함께하는 시간'에 느끼는 기분을 말로 바꾸어 전달하는 것이 아이에게는 가장 좋은 모델링이 됩니다.

또한, 그림책을 읽어 주실 때는, 등장인물의 기분을 상상할 수 있도록 읽어 주세요. 대사뿐만 아니라, 몸짓이나 버릇, 비언어적 부분에도 주목할 수 있도록 하는 것입니다. 아이의 이야기를 들으면, '아이가 이렇게 느끼고 있구나', '이런 말도 쓸 수 있구나' 하고 알게 되실 것입니다.

❸ 보호자 자신의 감정을 느껴 봅시다.

어른도 한 사람의 인간입니다. 때로는 희로애락을 직설적으로 보일 때도 있습니다. 어른이 자신의 기분을 터놓고 표현한다면, 아이는 타인의 기분에 관심을 갖게 될 것입니다.

❹ 가시화(可視化)는 게임 감각으로 즐겁게

"울기만 하면 모르지. 말로 해 봐!"라고 아이에게 자신도 모르게 혼내는 말투로 설명(말에 따른 가시화)을 요구하고 마는 경우가 있습니다. 분명 언어로 표현하는 것은 감정이 발달하고 있는 아이에게 필요한 과제입니다.

자신의 상태를 깨닫고, 관계된 사람에게 감정을 전하고 조절하여 해결하기 위해서는 말에 따른 '가시화'는 유효한 수단입니다. 말로 자신의 기분을 표현할 수 있다면 좋겠지만, 복수의 감정이

뒤섞인 경우, 어른조차 쉬운 일은 아닙니다.

감정을 가시화하는 수단으로, 말 이외에도 그림으로 그리거나, 수치나 그래프로 나타내거나, 색, 크기 등으로 표현할 수 있습니다. 언어로 표현하는 것에만 고집하지 말고, 아이가 감정을 표현할 수 있도록 아이디어를 생각해 주세요.

1 자신의 감정 깨닫기

1 사고법과 기분의 관계

아이를 이해하기 위한 활동

어떤 사건이 일어나게 되면, 다양한 감정(기분)이 나타납니다. 사람에 따라서는 사고법이 달라 느끼는 기분도 다르지요. 그리고 그 상황을 받아들이는 방법에 따라서도 기분은 달라집니다. 우선 사고법과 기분의 관계를 깨닫는 것이 자기 자신을 이해하는 포인트입니다.

위의 일러스트를 보고 등장인물의 사고법과 기분을 선으로 연결해 보세요.

사고법   기분

- 왜 끼워 주지 않는 거야? •   • 너무해!

- 같이 놀고 싶은데 말 못 하겠어 •   • 안절부절

- 말하면 끼워 줄까? •   • 슬프다

활동 나는 어떤 기분이 들까?

**아래 두 장면을 상상해 봅시다. 여러분이라면 어떤 기분이 들 것 같나요?
그 이유도 생각해 봅시다.**

❶ 집에서 TV를 보고 있는데, 가족이 "계속 TV만 보고!"라고 말하며 TV를 껐다.

어떤 기분인가요?

왜 그런 기분이 들었나요? 이유를 써 봅시다.

---

❷ 수학 학습지를 다 풀고 나서, 선생님이 채점을 하셨는데 다 맞았다.

어떤 기분인가요?

왜 그런 기분이 들었나요? 이유를 써 봅시다.

포인트

자신이 어떤 상황에 어떤 기분이 드는지, 왜 그렇게 생각했는지를 이해하는 것은 굉장히 중요합니다. 그때 상황과 내 기분의 관계를 이해해 봅시다. 상황과 기분의 관계성을 이해하게 되면, 기분을 컨트롤하는 것이 가능해집니다. 또한, "이럴 땐 다른 사람은 이런 기분이 드는구나."라며 모두와 공유하거나 발표하고, 자신의 경험이나 기분에 대해서 다 같이 이야기해 보는 활동으로 발전시킬 수 있습니다.
그리고 같은 상황에서도 사람에 따라 느끼는 것이 다르다는 것을 알게 됩니다.

1 자신의 감정 깨닫기

2 기분을 표현하는 다양한 말

아이를 이해하기 위한 활동

우리는 평소 '기쁘다', '슬프다', '짜증 난다' 등, 기분을 나타내는 다양한 말을 쓰고 있습니다. 그 말을 많이 알고 있으면 자신의 기분을 상대방에게 전하는 것도, 친구의 기분을 알아차리는 것도 가능해집니다. 다양한 기분을 나타내는 단어가 얼마나 많은지 알아봅시다.

❶~❺의 경우, 어떤 기분이 드는지 기분 카드에서 골라 보세요.

❶ 소풍 가는 날, 갑자기 비가 와서 취소되었다 ( ) ( )
❷ 길모퉁이에서 갑자기 큰 개가 튀어나왔다 ( ) ( )
❸ 친구로부터 생일 선물을 받았다 ( ) ( )
❹ 좋아하는 간식을 오빠가 사 주었다 ( ) ( )
❺ 열심히 연습한 연극의 발표일이 다가오고 있다 ( ) ( )

기분 카드

기쁘다	긴장되다	싫다	깜짝 놀라다	즐겁다
최악이다	무섭다	기분 좋다	안절부절	괴롭다
짜증 나다	행복하다	두근두근	슬프다	최고다
안심하다	외롭다	설레다	분하다	아쉽다

활동   이 얼굴은 어떤 기분일 때?

아래 다양한 얼굴 그림을 보고, 다음의 질문에 대해 다 같이 생각해 봅시다.

❶ 이 얼굴은 어떤 기분을 나타내고 있을까요? ⬜에 기분을 나타내는 말을 넣어 봅시다.

❷ 이 얼굴이 되는 건 어떤 때일까요?

① ☐   ☐   ☐

② ☐ 할 때    할 때    할 때

① ☐   ☐

② ☐ 할 때    할 때

포인트

· 하나의 표정이 하나의 기분만 표현한다고 할 수는 없습니다. 사람에 따라 표현하는 말도 다릅니다. 이야기를 나눠 보면서 서로가 다르다는 것을 깨닫고, 다양한 감정 표현이 있다는 것을 배웁니다.

· 활동을 할 때, 친구의 발언을 부정하지 말고 끝까지 들을 수 있도록 해 주세요. 반드시 정답이 있는 것은 아닙니다.

1 자신의 감정 깨닫기

3 감정에는 여러 가지 종류가 있다

아이를 이해하기 위한 활동

우리에게는 다양한 감정(기분)이 있습니다. 감정은 유쾌·불쾌와 에너지의 강·약으로 나뉩니다. 유쾌·불쾌는 긍정적인 것(기쁘다/즐겁다)과 부정적인 것(짜증나다/슬프다)이 있습니다. 강도는 '조용하다/가라앉다'와 같은 에너지가 약한 것부터 기쁨이나 분노와 같은 강한 것까지 있습니다.

1. 다음의 기분은 오른쪽 괄호 중 어디에 알맞은 것인지 체크해 보세요.

    · 즐겁다(유쾌 ├──────┤ 불쾌   에너지 약하다 ├──────┤ 강하다)

    · 슬프다(유쾌 ├──────┤ 불쾌   에너지 약하다 ├──────┤ 강하다)

2. 위에 있는 일러스트를 보고, 그 기분에 맞는 말을 생각해 보도록 합시다. 다 쓴 후 서로 보여 주며 그중에서 가장 많았던 말 다섯 개를 적어 보세요.

    《   》 《   》 《   》

    《   》 《   》

활동 무드 미터(mood meter)로 표현해 보자

감정은 유쾌와 불쾌, 에너지의 강약으로, 아래와 같이 네 가지 구역으로 나누어 생각할 수 있습니다.

왼쪽 페이지에서 뽑은 다섯 가지의 감정을 나타내는 말이, 각각 아래 그림의 어디에 속하는지 생각해 보고 적어 봅시다.

친구와 서로 보여 주며 같은 기분이라도 서로 다르게 느낄 수 있다는 것을 배울 수 있습니다.

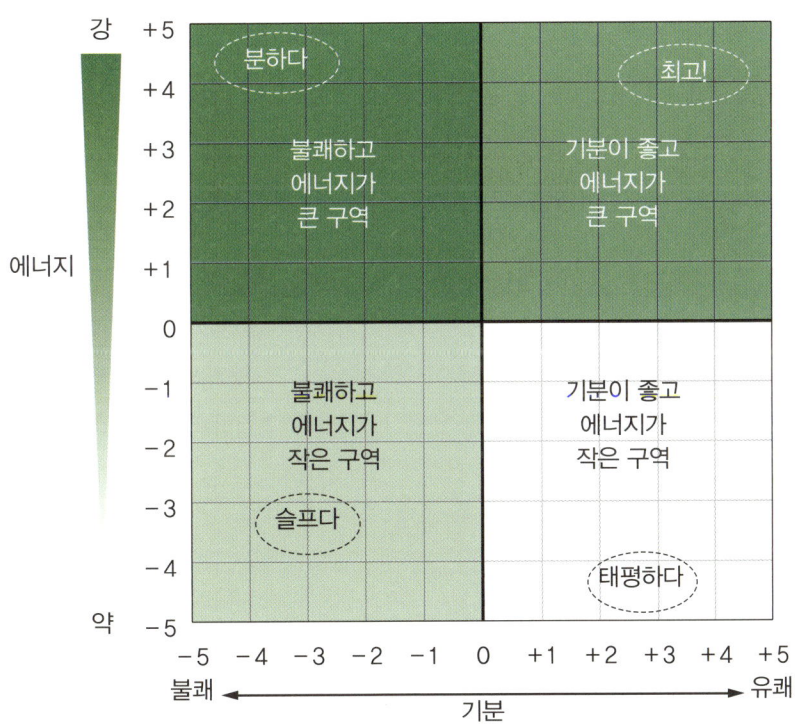

<참고> RULER – Yale Center for Emotional Intelligence   mood meter

포인트

· 실제로 해 보고 같은 말이라도 사람에 따라 느끼는 방식(구역)이 다르다는 것을 가르쳐 주세요.
· 느끼는 법이 달라서 오해할 수도 있으므로, 서로를 이해하기 위해서 감정을 눈앞에 드러내는 도구가 도움이 됩니다.

4 기분은 몸으로 나타난다

아이를 이해하기 위한 활동

특별히 병에 걸린 것도 아닌데 몸이 안 좋다고 말하는 아이가 있습니다. 그런 아이는 싫은 것이나 신경 쓰이는 것을 끌어안은 채, 기분을 바꾸지 못하고 있는 것일지도 모릅니다. 자신의 감정을 깨닫고 잘 회피하거나 극복할 수 있도록 몸을 통해 기분을 깨달을 수 있도록 합시다.

1. 최근 '싫어'라고 생각했던 일이나, 신경 쓰였던 일이 있었나요?

2. 그건 어떤 때였나요? 해당하는 것에 동그라미를 쳐 보세요. (유아의 경우 그림을 사용해도 OK입니다.)

| 테스트가 있다 | 발표회가 있다 | 친구와 싸웠다 |
| 숙제를 다 못 했다 | 잘 못하는 체육 활동이 있다 | 부모님께 혼났다 |

3. 싫다고 생각했을 때, 딱히 아픈 곳이 있었던 건 아니었지만, '왠지 속이 안 좋다', '배가 아픈 것 같다' 등 몸 상태에 변화가 있었는지 물어봅시다.

활동 　몸을 관찰해 보자

❶ 기뻤을 때, 어떤 느낌이었는지 아래 몸 일러스트에 적어 봅시다. 그리고 말로 표현해 봅시다.
예) 따끔거리다 / 따뜻한 느낌 / 떨리다 / 호흡이 빨라지다 / 축 처지다 / 두근두근하다

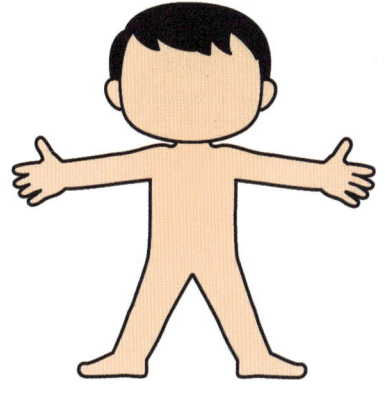

기쁠 때

○ 얼굴은? ⇒ _____

○ 가슴은(심장은)? ⇒ _____

○ 손(손끝)은? ⇒ _____

○ 다리는? ⇒ _____

○ 배는? ⇒ _____

❷ 슬플 때, 어떤 느낌이었는지 아래 몸 일러스트에 적어 봅시다. 그리고 말로 표현해 봅시다.

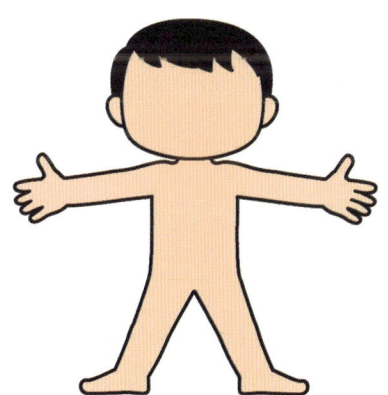

슬플 때

○ 얼굴은? ⇒ _____

○ 가슴은(심장은)? ⇒ _____

○ 손(손끝)은? ⇒ _____

○ 다리는? ⇒ _____

○ 배는? ⇒ _____

포인트

- 몸의 상태는 의성어·의태어로 표현하도록 하는 것도 좋아요. 활동을 개별적으로 해 본 후, 반에서 공유하며 연구해 보세요. 몸의 느낌을 색으로 표현하는 등, 응용도 가능합니다.
- 기다리다가 안달이 나서 몸이 '근질근질하다', '가슴이 설레다', '산뜻하다', '두근두근하다' 등, 자신의 경험을 통해 기분과 몸이 밀접하게 관계한다는 것을 알려 줍니다.
- 다양한 감정을 깨닫고, 부정적인 기분이나 안정되지 않을 때는 몸을 써서(크게 숨을 내쉰다 등) 컨트롤할 수 있다는 것을 알게 됩니다.

1 자신의 감정 깨닫기

5 자신의 표정을 보자

아이를 이해하기 위한 활동

상대방의 얼굴은 잘 보이는데, 내 얼굴은 볼 수 없습니다. 주변 사람은 나의 얼굴(화난 표정)이 잘 보이지만, 스스로 볼 수는 없습니다. 본인이 어떤 얼굴(표정)을 하고 있는지를 알게 함으로써, 표정이 상대에게 주는 의미를 알려 주고, 감정을 이해할 수 있도록 합니다.

1. 자신의 얼굴을 다른 사람이 봤을 때, 어떻게 생각할지 써 봅시다.

(예)

- 즐거워 보인다
- 심심해 보인다
- 화난 것 같다

2. 친구의 표정을 보고 어떤 것을 깨달았는지 써 봅시다.

_____

3. 자신의 표정에 대해서 깨달은 것을 써 봅시다.

_____

활동 거울을 써서 표정을 지어 보자!

아래 네 개의 동작을 순서대로 거울을 보고 따라 해 봅시다.

① 거울 속의 자신에게 인사해 봅시다.

어때요? 인사했나요? 뭔가 말을 더 걸어 봅시다.

② 말해 보았나요? 이번에는 입을 넓게 "이-"라고 해 봅시다.

어때요? 어때 보이나요?

③ 다음은 입을 크게 벌려 봅시다.

어때요? 입 모양을 바꾸는 것만으로 인상이 달라져요.

④ 표정이란 스스로 다양하게 바꿀 수 있어요. 지금 자신의 기분을 표정으로 나타내 봅시다.

입이나 눈, 눈썹 등 움직일 수 있는 부분을 과장되게 움직여 보고, 표정이 바뀌는 것을 체험해 봅니다. 그것이 주변 사람에게 어떻게 보일지를 생각하게 하여, 기분과 표정의 관계를 이해하게 합니다. 두 사람이 한 조로 하는 것도 효과적입니다. 화났을 때, 슬플 때, 자신의 표정도 변화하고 있다는 것을 가르쳐 주세요.

포인트

· '즐거우니까 웃는다', '슬프니까 운다' 등은 표정으로도 명확하게 나타나, 다른 사람도 본인도 알기 쉬운 감정이지만, 불안이나 질투 등 표정으로는 읽기 힘든 감정도 있습니다. 서서히 복잡한 감정 표현에 도전해 보는 것도 좋습니다.
· 표정에는 기분이 드러납니다. 표정을 바꾸는 것만으로도 기분을 바꿀 수 있다는 것을 알게 하는 것도 중요합니다. 컨트롤할 수 있다는 것을 알게 되니까요.

6 기분을 표정으로 드러내 보자

아이를 이해하기 위한 활동

'즐거우면 웃는다', '슬프면 운다', 이건 극히 자연스러운 반응입니다. 하지만 사람은 항상 기분을 솔직하게 표현할 수는 없습니다. 사람들 앞이니까 참거나, 상대방의 기분을 생각해서 조심하는 것이지요.

참는 것은 좋은 점이지만 너무 참으면 자신의 진짜 기분을 전하지 못하고, 상대방에게 오해를 사는 경우가 있으므로 잘 표현하는 것이 중요합니다.

1. 기쁘다, 즐겁다, 분하다 등 기본적인 감정을 표정으로 나타낼 수 있도록 해 봅시다.

2. 2인 1조로 "기쁜 얼굴, 앗뿌뿌"라고 말하며 눈싸움을 해 보세요. 표정의 차이를 찾아 봅시다.

활동 — 상황을 상상하며 표정을 만들어 보자

❶ 초코와 딸기 케이크가 두 개. 누나랑 둘이서 나눠 먹어야 하는데, '둘 다 맛있어 보여. 고민되네~.'
◇고민될 때의 표정은 어떨까요? 표정을 지어 봅시다.

❷ 가족과 온천 여행을 왔다. 아빠랑 노천 온천에 들어왔다. '아~, 기분 좋아.'
◇최고로 편안할 때의 표정을 지어 봅시다.

❸ 오늘은 운동회. 단거리 달리기의 내 차례가 가까워지고 있다. 이제 곧이다. 자리에 서서 숨을 멈추고. 자, 출발이다.
◇이를 악물고, 진지한 표정을 지어 봅시다.

포인트

· 유쾌·불쾌한 여러 기분에 관해 공부하는 것도 중요하지만, 나이가 어린 아이들은 유쾌한 감정을 많이 경험할 수 있도록 합니다.
· 아직 사용할 수 있는 어휘가 적은 아이들은 표정으로 감정을 나타내도록 가르칩니다. 각각의 아이가 자신의 경험을 바탕으로 풍부한 감정 표현을 할 수 있도록 연구합시다.

7 몸짓으로 기분을 표현하자

아이를 이해하기 위한 활동

표정만이 아니라, 몸짓으로도 기분이 나타납니다. 자신의 몸짓으로 상대방에게 기분이 전해지는 것과 상대방의 몸짓에서 기분을 알 수 있다는 것을 가르칩니다.

아래 기분이 들 때, 어떤 몸짓(행동이나 태도)을 하는지 생각해 봅시다.

① 기쁘다, 두근두근

- 점프한다
- 빤히 쳐다본다
- V를 한다

그 외 :

② 재미없다, 심심하다

- 다리를 떤다
- 의자를 앞뒤로 흔든다
- 턱을 괸다

그 외 :

③ 불안, 긴장하다

- 몸을 둥글게 만다
- 손을 떤다
- 그 외 :

활동   지금의 기분을 '자, 포즈!'

❶ 각각의 기분이 들 때, 어떤 포즈를 취할까요?
　다 같이 앞에 나가서 해 봅시다.
〔규칙 : 목소리는 내지 않는다, 표정은 바꾸지 않는다〕

기분 1   유명 아이돌을 만나 감격했을 때
기분 2   어제 싸우고 아직 화해하지 않은 친구를 보고 화가 울컥 났을 때
기분 3   엄마가 마중 나와서 안심했을 때

❷ 어떤 포즈를 취했는지 그림으로 설명해 봅시다. 일러스트에 얼굴과 몸, 손과 다리를 그려 봅시다.

(예)

❸ 어떤 포즈를 취했는지 글로 설명해 봅시다.
예)　기분 1   점프한다 / 빤히 쳐다본다 / V를 한다
　　　기분 2   쿵쿵 소리를 내며 걷는다 / 주먹을 쥔다
　　　기분 3   팔을 뻗고 가슴을 편다 / 팔을 벌린다

포인트
· 감정은 몸짓으로도 나타나며, 몸짓에 따라 기분이 전해진다는 것을 이해하면, 자신의 태도와 다른 사람의 모습을 유심히 보는 연습을 하게 될 것입니다.
· 포즈를 문장으로 설명하는 건 어려운 과제지만, 기분을 되새길 수 있습니다. 기분을 나타내는 말과 모습을 나타내는 말을 함께 생각할 수 있도록 지도합니다.

8 기분은 목소리와 연결되어 있다

아이를 이해하기 위한 활동

기분과 목소리의 톤은 이어져 있습니다. 기분이 좋을 때는 건강한 목소리, 슬플 때는 슬픈 목소리가 됩니다. 자신의 목소리와 기분의 관계를 이해하게 되면, 자신의 목소리를 컨트롤하거나 목소리로 다른 사람의 기분을 상상할 수 있게 됩니다.

1. 식사 전 인사할 때, 어떤 목소리가 되는지 생각해 봅시다.

"좋아하는 반찬이다! 빨리 먹고 싶어!"

[건강한 목소리]   [슬픈 목소리]   [화난 목소리]

"싫어하는 반찬이다. 먹을 수 있을까……. 남기고 싶은데…….'

[건강한 목소리]   [슬픈 목소리]   [화난 목소리]

2. 자신의 목소리와 가까운 쪽에 ○를 그리도록 합시다.

크다 ├───┼───┤ 작다   높다 ├───┼───┤ 낮다

밝다 ├───┼───┤ 어둡다   느리다 ├───┼───┤ 빠르다

활동 1 성우가 되자

각각의 등장인물의 기분이 되어서 똑같은 대사를 말해 봅시다.
같은 대사여도 기분에 따라 목소리의 톤이 달라져요.

상황 : 입후보로 담당자를 정하는 장면
대사 "저요. 사육 담당자를 하고 싶습니다!"

등장인물 A: (정말로 담당하고 싶고 자신이 있다)
등장인물 B: (하고 싶지 않지만 담당할 게 그것밖에 없다)
등장인물 C: (하고 싶은 담당이 하나 더 있어서 고민하고 있다)

상황의 이해나 역할에 몰입하는 게 어렵다면 간단한 말로 바꿉니다.
대답할 때 → "네", "아니요"   부를 때 → "여보세요", "저기"
인사할 때 → "고마워", "안녕"

활동 2 대사의 글자를 디자인해 보자

만화에서 사용되는 대사의 글자는 크기나 형태에 따라 등장인물의 기분이 드러납니다. 아래 그림에 '네'라고 써 봅시다.

포인트
· 같은 말이라도 감정이 다르면 목소리가 달라진다는 재미와 그 목소리에 따라 듣는 사람에게도 기분이 전해지는 재미를 이해한다면, 다른 사람의 이야기에 귀를 기울이는 습관을 가지게 될 것입니다.

1 자신의 감정 깨닫기

9 자신의 '버릇'을 찾아보자

아이를 이해하기 위한 활동

행동이나 표정의 '버릇'도 감정을 동반한 몸 변화의 패턴 중 하나입니다. 본인은 무의식적으로 하는 행동이지만, 같은 패턴이 반복적으로 나타납니다. 주변 사람이 말해 주었을 때, '내가 그런 행동을 하는구나.' 하고 처음으로 깨닫게 됩니다. 스트레스를 받거나 불안할 때 어떤 행동을 하는지 주목해 봅시다.

1. 아이가 반복적으로 하는 행동을 체크합니다.

- 눈 깜빡임이 늘었다
- 입을 삐쭉 내민다
- 혀를 찬다
- 손가락으로 머리카락을 만진다
- 손톱을 깨문다
- 다리를 떤다

2. 위에서 체크한 행동이 보였을 때, 어떤 기분일지 생각해 봅니다.

활동 모르는 나를 발견!

❶ 친구들이나 가족에게 자신의 '버릇'에 대해 물어봅시다.

"내가 '짜증이 났나?'라고 느껴질 때는 어떤 행동을 할 때야?"

예를 들어, 다리를 떤다, 손톱을 깨문다, 머리카락을 만진다 등…….

❷ 알게 된 것을 정리해 봅시다.

알려준 사람 (   )

'짜증이 난 것처럼 보일 때'는 어떤 때
(   )

스스로는 어떤 행동을 했다고 생각하나요?
(   )

몰랐던 자신의 행동을 알게 되었을 때, 어떤 생각이 들었나요?
(   )

포인트

- '버릇'은 좋지 않다는 이미지가 있지만, '버릇을 가지지 않은 사람은 없다.'라는 말처럼 누구라도 '버릇'은 가지고 있습니다.
- 자신이나 다른 사람의 '버릇'을 찾아보도록 합니다.
- '손톱을 깨문다', '다리를 떤다' 등은 불안이나 안절부절못할 때 많은 사람이 하는 행동입니다. 바람직하지 않은 '버릇'은 컨트롤할 수 있도록 고치는 것이 좋겠지요.
- 너무 의식하면 오히려 심해질 수도 있으므로, 우선은 마음이 편해질 수 있도록 도와줍니다.

10 감정을 표현해 보자

아이를 이해하기 위한 활동

기분은 표정이나 목소리 톤, 몸짓이나 손짓으로 나타납니다. 기쁠 때는 웃음을 짓고, 목소리는 평소보다 높아지며, 손뼉을 치며 기쁨을 표현합니다. 평소에 어떻게 기분을 표현하는지 생각해 보도록 합시다.

1. 좋아하는 장소에서 놀 때, 어떤 기분이 드는지 아래에 적어 봅시다.

2. 기분의 표현에 어떤 특징이 있는지 관찰합니다.

- 표정 (예 : 웃는다, 힘이 들어간다, 눈물이 난다)
- 목소리 (예 : 높은 목소리, 낮은 목소리, 밝은 목소리, 속삭이는 목소리)
- 몸짓이나 손짓 (예 : 손이 올라간다, 점프, 아래를 본다, 움직이지 않는다)

활동 1 기쁜 기분이 들 때

여러분이 기쁘거나 즐거운 기분이 들 때, 어떤 행동을 하는지 적어 봅시다.

예) 어른에게 칭찬받았을 때 / 카드 게임에서 이겼을 때 / 좋아하는 놀이를 할 때

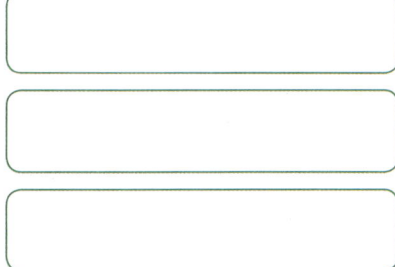

활동 2 표정 만들기 게임

활동 1에서 나온 상황을 몇 개 골라서, 어떤 표정을 했는지 그림으로 표현해 봅시다!

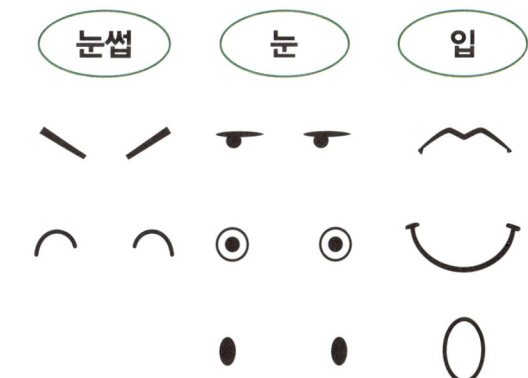

포인트

- 일상생활 속에서 "눈이 방긋 웃고 있는 걸 보니 기쁘구나", "즐거우면 목소리도 밝아지네!" 등, 어른이 기분이나 표정, 목소리 톤을 결합하여 말해 주면, 아이의 감정 표현이 풍부해집니다.
- 표정을 떠올리기 어려울 때는, 기쁜 상황이나 즐거운 상황이 그려진 그림책을 읽어 주거나, 거울을 사용해서 표정으로 기분을 설명하는 것도 효과적입니다.

1 자신의 감정 깨닫기

11 시간이 흐르면 기분은 변화한다

아이를 이해하기 위한 활동

안 좋은 일이 있거나 나쁜 말을 들었을 때는 욱하는 화의 감정이 생깁니다. 그럴 때 사물을 때리거나 상대방에게 그대로 맞부딪치면 트러블로 이어지게 되지요. 하지만 화가 지속되는 것은 아니므로, 시간이 지나면 변화합니다. 그 변화를 아이에게 체험하도록 합니다.

아침 식사 시간에 혼났다고 했을 때. 기분은 집을 나오기 전부터 등교할 때까지 어떻게 바뀔까요? 아래에서 골라 보세요.

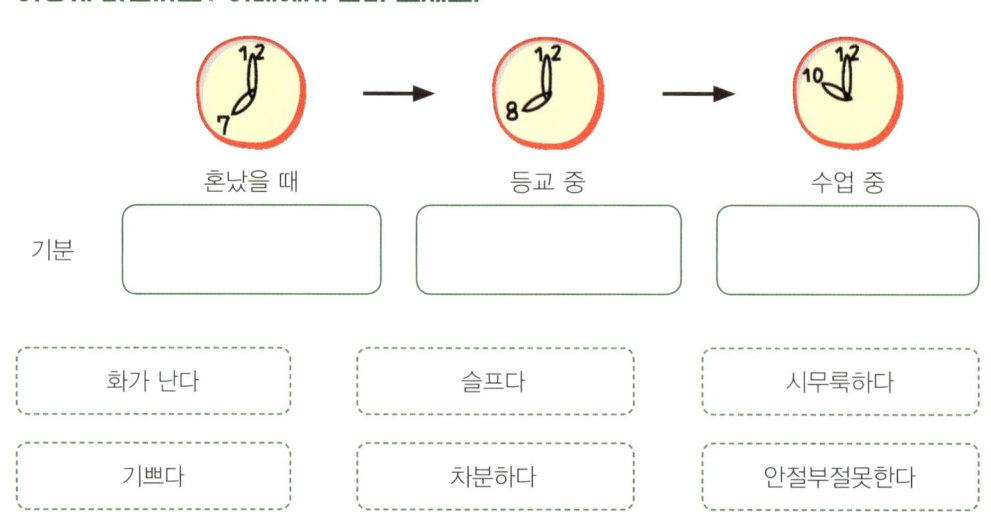

 **감정 변화를 생각해 보자.**

**하루의 행동을 되돌아보고, 어떻게 기분이 변화하였는지 생각해 봅시다.
아래에 있는 상황을 상상해 보고, 선택지에서 골라 봅시다.**

🕗	아침, 학교에 가서 가장 좋아하는 그네를 타고 놀았다	( )
🕚	오전 중, 친구와 서로 같은 책을 보려고 싸웠다	( )
🕛	급식은 내가 제일 좋아하는 카레였다	( )
🕒	귀가 후, 숙제가 너무 힘들었다	( )
🕕	저녁 식사 때, 엄마를 도와드려서 칭찬받았다	( )

(즐겁다)　(기쁘다)　(행복하다)　(안절부절)

(슬프다)　(화가 나다)　(충격)

포인트

하루 중 짜증이 나는 일이 있기도 하고 기쁜 일이 있기도 하듯이 시간과 함께 기분은 변화해 갑니다. 같은 기분이 계속 이어지지 않는 것입니다. 불쾌한 감정이 계속될 때는, 과감히 다른 행동을 하면 기분에 변화가 일어납니다.

1 자신의 감정 깨닫기

칼럼 ❶

훈육과 감정

아이에게 주의 줄 때는 '최대한 냉정하게'라고 생각하지만, 무심코 감정적으로 화를 내 버리고 반성할 때가 있습니다. 아이가 자기 생각대로 해 주길 바라는 마음이 커져서, 임시방편으로 "안 돼!" 하고 아이에게 큰소리로 야단치면, 아이에게는 이유보다는 분노의 감정이 클로즈업되어 전해지고 맙니다.

또한, 분노는 불만이나 불쾌한 일이 있어 참지 못하는 기분을 드러내는 것이므로, 아이는 '상대방은 날 싫어하는구나.'라고 생각하거나 그때 야단맞은 것만 강하게 마음속에 남습니다. 예를 들어, "하면 안 된다고 전에도 말했는데, 왜 자꾸 하는 거니!", "몇 번을 말해야 알아들을래?"와 같은 말투는, 감정적으로 아이를 비판하는 것이므로 아이의 자존심에 상처를 줄 수도 있습니다. 그래서

· "○○가 그림책을 뺏으면 △△가 너무 슬플 거야. 전에 책을 빼앗겼을 때 싫었었지?"

· "다른 친구도 이 그림책을 보니까 책장에 꽂아 두고 집에 가자."

이런 식으로 아이가 해서는 안 되는 행동을 알려 줌과 동시에 대신에 할 수 있는 행동을 제안합니다. 냉정하게 아이가 이해할 수 있는 말로 자세하게 설명해야 한다는 것을 유념합시다.

어른도 인간이니까 자신도 모르게 감정적으로 아이를 야단칠 때도 있습니다. 그럴 때, 한 번 심호흡하고 자신의 마음을 안정시키는 것이 중요합니다. 만일 야단치고 미안해졌다면, 시간이 조금 흐른 후에 "야단쳐서 미안해."라고 아이에게 사과하고 다정하게 안아 주세요.

중요한 것은 아이의 기분에 귀를 기울인 후 '어떤 행동이 잘못된 행동인지', '대신 어떤 행동을 하면 좋을지'를 아이의 눈높이에서 구체적으로 들려주는 것입니다. 감정적으로 화를 내고 마는 경향이 있는 사람은, 우선 아이를 대하기 전에 자신의 마음에 여유가 있는지 확인해 볼 필요가 있습니다. 가정사나 인간관계 등으로 마음이 불안한 건 아닌지 되돌아보며, 머릿속을 비우고 나서 아이를 대하는 것도 하나의 방법입니다.

다른 사람의 감정 깨닫기

12 친구의 기분을 이해하는 말을 찾자

아이를 이해하기 위한 활동

자기 자신에게 기분과 감정이 있듯이 친구에게도 기분과 감정이 있습니다. 자신의 기분을 표현하는 것뿐만 아니라, 서로가 기분 좋게 지내기 위해서는 상대방이 자신과는 다른 기분을 가지고 있다는 것을 깨닫고, 그 기분을 이해하려고 하는 것이 중요합니다. 친구의 기분을 알아차리거나 추측할 때 가장 중요한 실마리가 되는 것은 상대방이 하는 말과 몸짓입니다.

1. 친구의 생일 파티입니다. 어떤 말을 하면 좋을까요?

2. 선물을 받은 가운데 아이는 어떤 말을 할까요?

활동: 친구는 어떤 기분이 들까?

❶ 오늘은 친구의 생일이에요. ○○는 케이크를 정말 좋아해서, 생일인 오늘을 계속 손꼽아 기다렸어요. 생일 케이크를 보고 아래와 같이 말했는데, ○○의 말에 알맞은 기분에 ○를 쳐 봅시다.

① 와아! 맛있겠다! ⇒ (기쁘다 · 아쉽다 · 그 외 (   ))
② 다 같이 나눠 먹을까? ⇒ (기쁘다 · 아쉽다 · 슬프다 · 그 외 (   ))
③ 이거, 정말 좋아하는데! ⇒ (기쁘다 · 아쉽다 · 그 외 (   ))
④ 초콜릿 케이크가 아니네……
　⇒ (기쁘다 · 아쉽다 · 그 외 (   ))
⑤ 앗싸! 잘 먹겠습니다! ⇒ (기쁘다 · 아쉽다 · 그 외 (   ))
⑥ 생일은 정말 즐거운 거구나! ⇒ (기쁘다 · 아쉽다 · 그 외 (   ))

❷ 여러분이 생일에 들으면 기쁠 말과 아쉬울 말을 써 봅시다.

기쁠 말

(   )(   )

아쉬울 말

(   )(   )

포인트

일상생활 속에서 친구와 의견이 다를 때가 있습니다. (△△는 장난감 기차로 놀고 싶은데, □□는 레고로 놀고 싶을 때 등) 그때 아이들의 마음의 차이를 설명해 주세요. 이렇게 서로의 마음의 차이를 이해시킨 후, 감정, 몸짓, 목소리 등이 상대방의 기분을 알아차릴 수 있는 실마리가 될 수 있다는 것을 알려 줍니다.

2 다른 사람의 감정 깨닫기

13 몸짓에서 기분을 생각해 보자

아이를 이해하기 위한 활동

친구의 기분은 말뿐만 아니라, 몸짓이나 표정으로도 알 수 있습니다. 말로 제대로 전달되지 않을 경우, 친구는 울거나 화내는 형태로 드러내기도 합니다. 이럴 때 친구의 마음을 깨닫고 다가간다면 친구도 안심하겠지요. 게임을 통해 친구의 기분을 이해하는 계기를 만들어 봅시다.

1. 친구의 몸짓을 보고 생각한 것을 자신의 말로 표현해 봅시다. 제스처를 하는 친구의 기분을 알아챘는지 확인해 봅시다.

예) 머리를 긁는다 / 턱을 괸다

2. 같은 몸짓을 보고도 다르게 느끼는 친구가 있을 수 있습니다. 그 친구는 왜 그렇게 생각했는지 물어봅시다.

활동: 제스처 게임

❶ 제스처를 하는 아이에게 상황 카드를 고르게 합니다. 아무 말도 하지 않고 몸짓과 손짓으로 그 상황을 연기하도록 합니다.

> 규칙 말하지 않기

예)

예 ①
엄마에게 혼나서 울고 있다.

예 ②
제일 좋아하는 그림책을 선물 받아서 기쁘다.

예 ③
친구에게 장난감을 빼앗겨서 화가 났다.

❷ 다른 친구들은 제스처를 보고 든 생각을 말로 표현해 봅시다.

예) ① 왠지 슬퍼 보인다 ② 선물 받았나? ③ 싸운 것 같다

❸ 진행자는 "그렇구나", "그건 왜 그런 것 같아?", "아깝다" 등, 조언을 해 주세요.

❹ 정답에 가까워졌을 때 "엄마에게 혼나서 울고 있다. 이게 답인가요?"라고, 연기하는 아이에게 묻고, 양손으로 큰 동그라미를 만들면 게임 종료입니다.

포인트

· 울다, 화내다 등, 이러한 행동에는 반드시 그 감정에 이르기까지의 과정이 있습니다. 하지만 제대로 말로 표현하지 못하거나 말하고 싶지 않을 때도 있을 것입니다.
· 반에서 일어난 문제 때문에 이야기를 나눌 때, 제스처 게임을 해서 표현하면 아이들이 객관적으로 생각하는 계기가 됩니다. 선생님이 연기자가 되는 방법도 있습니다.

14 상대방의 기분을 목소리로 이해하기

아이를 이해하기 위한 활동

기분에 따라 목소리의 톤이 바뀝니다. 같은 말이라도 여러 상황에 따라 다른 기분을 나타낼 수 있다는 것을 알려 주세요. 상대방이 화를 낼 때, 목소리의 톤은 어떻게 될까요? 기쁠 때, 슬플 때 등, 그때마다 상대방의 목소리를 잘 듣기만 해도 기분을 알아차릴 수 있습니다. 동시에 자신도 기분에 따라 목소리가 변한다는 것을 알려 주세요.

모래밭에서 친구에게 삽을 빌려 달라고 했을 때, 친구가 "싫어!!"라며 강하게 거부했습니다.

1. "싫어!!"라고 말한 아이는 어떤 기분일까요? 아래 선택지에서 골라 보세요.

   슬프다   짜증 난다   기쁘다   섭섭하다

2. 빌리려고 한 아이는 어떤 기분일까요? 아래 선택지에서 골라 보세요.

   슬프다   짜증 난다   기쁘다   섭섭하다

| 활동 | **목소리의 상태로 생각해 보기** |

'좋은 아침입니다'를 다양한 톤으로 녹음한 것을 들어 보고, 어떤 기분일지 상상해 봅시다.

❶ 녹음하는 목소리는 화난 느낌, 슬픈 느낌, 기쁜 느낌 등 감정을 담아낼 수 있도록 강조하여 녹음합니다.

❷ 각각의 목소리를 듣고 난 생각, 느낀 점을 자유롭게 발표해 봅시다.
예) 화내는 것 같다, 들었을 때 기분이 좋지 않았다, 무슨 일일까 하고 생각했다 등

❸ 상대방의 목소리에서 기분을 알아챌 수 있는지 도전해 보고, 각각 다른 톤의 목소리를 들었을 때 어떻게 행동할지 이야기를 나눠 보세요.
예) "화났어?"라고 묻는다, 좀 더 상냥하게 말해 달라고 부탁한다, "화난 것처럼 들려서 깜짝 놀랐어."라고 말한다 등

포인트
- '목소리'에는 감정과 기분이 드러나기 쉬워 상대방의 기분을 짐작할 수 있는 실마리가 됩니다.
- 같은 말이라도 목소리의 톤에 따라 다른 감정이 담겨 있다는 것을 다양한 상황을 통해 느낄 수 있도록 가르쳐 줍니다. 보통 '눈치'라고 말하는 이것은 경험이 적은 아이에겐 굉장히 어려운 일일 수 있습니다.
- 말과 함께 표현되는 몸짓과 표정, 손의 움직임 등에서 서서히 실마리를 찾아가도록 합니다.

2 다른 사람의 감정 깨닫기

15 불쾌한 기분이란 무엇인가?

아이를 이해하기 위한 활동

뭔가 잘 풀리지 않을 때, 곤란할 때는 말로 제대로 표현하지 못해서 도움을 구하지 못하고 울거나 물건에 화풀이하며 기분을 컨트롤하지 못하는 경우가 있습니다.
이럴 때, 어떻게 하면 좋을까요? 곤란할 때는 확실히 곤란한 얼굴을 해서 주변 사람이 알 수 있도록 하는 것이 중요합니다.

화난 얼굴, 우는 얼굴을 서로에게 보여 주며, 타인의 감정을 생각하는 계기를 만들어 주세요. 친구가 화났을 때·울 때의 얼굴을 떠올려 봅시다.

1. 친구가 화났을 때 한 몸짓이나 얼굴의 특징을 떠올려 봅시다.

2. 친구가 슬플 때 한 몸짓이나 얼굴의 특징을 떠올려 봅시다.

활동: 화난 얼굴, 우는 얼굴

❶ '화난 표정 짓기'를 해 봅시다.

① 친구들의 화난 얼굴을 봅시다. 누가 제일 화내고 있을까요?
② 화났을 때 어떤 얼굴을 하고 있을까요?
  '눈이 올라간다', '입이 일자가 된다', '흥 하고 숨을 내쉰다'
  점점 더 화난 표정을 지어 봅시다.

③ 표정 만들기를 통해 가장 화난 얼굴을 만들어 봅시다.

❷ '슬퍼 보이는 챔피언'을 정해 위로해 줍시다.

① 친구의 우는 얼굴을 봅시다.
  울 때 어떤 얼굴을 하고 있을까요?
  '으앙 하고 소리를 낸다', '눈물이 난다', '아래를 본다'
  점점 더 우는 표정을 지어 봅시다. 누가 가장 슬퍼 보이나요?

② '슬퍼 보이는 챔피언'을 정합니다.

③ '슬퍼 보이는 챔피언'에게 전할 위로의 말을 생각해 봅시다.
 * '슬퍼 보이는 챔피언'에게 어떤 말을 들었을 때 기뻤는지 물어보고
   이야기를 나눠 봅시다.

포인트

기분을 표현하는 방법은 여러 가지가 있지만, 표현하는 방법은 사람에 따라 다양합니다. 특히 부정적인 감정은 다른 사람에게 보이면 보기 흉하다고 생각해서, 울고 싶은 기분을 꾹 참거나 몸이 떨릴 정도로 화가 나도 참는 경우가 있습니다. 불쾌한 감정을 나타내는 것은 나쁜 것이 아니라는 인식을 갖고, 감정을 컨트롤하는 방법이나 해결책을 다 함께 생각해 보는 소중함을 깨달을 수 있도록 해 주세요.

2 다른 사람의 감정 깨닫기

16 모두 다양한 기분을 가지고 있다

아이를 이해하기 위한 활동

오늘은 기다리고 기다리던 운동회! 달리는 것을 정말 좋아하는 A는 달리기 경주에서 1등을 했습니다. 싱글벙글 웃으며 "앗싸! 이겼다!"라고 점프를 하고 있습니다.

하지만 주변을 둘러보니, 슬퍼 보이는 한 친구가 있습니다. 아이에게 이 상황을 설명하고 함께 어떤 기분일지 생각해 봅시다.

1. 1위가 됐을 때의 기분에 ○를 쳐 보세요.

| 기쁘다 | 슬프다 | 즐겁다 | 부끄럽다 |
| 분하다 | 실망하다 | 다행이다 | |

2. 졌을 때의 기분에 ○를 쳐 보세요.

| 기쁘다 | 슬프다 | 즐겁다 | 부끄럽다 |
| 분하다 | 실망하다 | 다행이다 | |

 ## 같은 상황에서도 다른 기분

**친구의 표정을 보고 어떤 기분일지 생각해 봅시다!
그림과 문장을 선으로 이어 봅시다.**

기분

- 이것만 끝나면 도시락 먹는다
- 빨리 내가 잘하는 경기 시간이 됐으면 좋겠다
- 열심히 뛰었는데 넘어졌어
- 뛰는 거 잘 못해서 싫다
- 저 애 진짜 달리기 빠르다

포인트

같은 상황에서도 아이들은 저마다 다양한 기분을 느낍니다. 특히 승패가 갈리는 상황에서는 이겨서 기뻐하는 아이가 있는 한편, 져서 슬퍼하는 아이가 있습니다. 어떤 결과가 있더라도, 그때 느낀 기분을 충분히 맛보는 것이 중요합니다. 중요한 상황에서 좋은 결과를 낸 것은 훌륭한 일이므로 확실히 칭찬해 주세요. 반대로 생각만큼 좋은 결과를 내지 못했더라도, 연습 때보다도 씩씩한 마음으로 임한 용기, 지더라도 마지막까지 포기하지 않은 노력 등의 마음을 깨닫고 서로를 인정하는 관계가 중요합니다.

17 기분에는 강약이 있다

아이를 이해하기 위한 활동

같은 화라도 강하게 화를 낼 때가 있는가 하면, 아무렇지 않은 듯 약하게 낼 때도 있습니다. 같은 기분이라도 강약이 있다는 것입니다. 기분의 강약을 알면, 어떻게 표현하여 상대방을 대하면 좋을지 이해할 수 있습니다. 이럴 때 기분의 강약을 숫자로 나타내는 방법이 있습니다.

① 위의 일러스트에서 A의 짜증 강도는 어느 정도라고 생각하나요? 온도계에 색칠해 보세요.

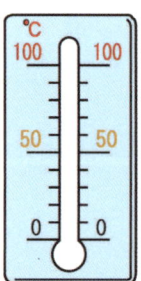

② B의 짜증 강도는 어느 정도라고 생각하나요? 온도계에 색칠해 보세요.

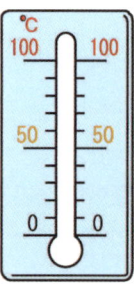

활동 기분의 온도계

❶ 민준이는 아주 예전부터 개를 기르고 싶어 했는데, 어느 날 "생일 선물로 개를 선물 받았어!"라고 말했다.

· 민준이는 어떤 기분일까요?
 그 기분의 강도는?

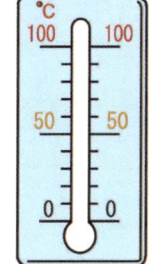

❷ 급식 시간에 민지가 카레 접시를 떨어뜨리고 말았다. 접시는 깨지고, 카레도 바닥에 흘렀다.

· 민지는 어떤 기분일까요?
 그 기분의 강도는?

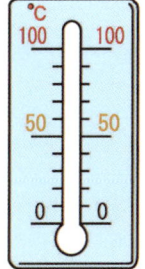

포인트

· 기분의 강도는 표정이나 몸짓에서도 상상할 수 있습니다. 활동을 할 때, 일러스트의 표정이나 몸의 몸짓도 참고하여 생각할 수 있도록 합니다.
· 사람에 따라서 느끼는 기분과 강도는 각양각색이고 정답이 없다는 것을 알려 주세요.
· 싫은 기분이 커지기 전인 작았을 때 깨닫는 이점을 알려 주세요.

2 다른 사람의 감정 깨닫기

18 친구의 좋은 점을 찾아보자

아이를 이해하기 위한 활동

A는 평소에 사이가 좋은 B와 하굣길에 싸우고 말았습니다. 싸운 후, A는 B와 말도 하지 않고 집으로 돌아왔지만, 마음속은 왠지 개운하지 않았습니다.
이렇듯 막 싸움을 했을 때는 불만과 분노의 감정에 휩싸이지만, 시간이 지나면 마음은 안정되고 '이제 괜찮은데', '다시 사이좋게 지내고 싶다'라는 기분이 들고, 친구의 좋은 점이 보이게 됩니다.

1. 어제 A는 어떤 기분이었을까요? ○를 쳐 보세요.

   - B가 너무 싫어
   - 앞으로는 다른 애랑 놀아야지
   - B랑 화해하고 싶다
   - 내 말이 다 맞아

2. 오늘 A는 어떤 기분일까요? ○를 쳐 보세요.

   - B가 너무 싫어
   - 앞으로는 다른 애랑 놀아야지
   - B랑 화해하고 싶다
   - 친구가 말한 것도 맞아

활동: 친구의 좋은 점을 편지로 보내 보자

사람의 기분은 점점 변화해 갑니다. 기분 나쁜 일이나 떨떠름한 일이 있고 난 후, 이러한 기분의 변화를 서로 인정하기 위해서는, 평소에 친구끼리 좋은 점을 전하는 것이 중요합니다. 서로의 존재에 경의를 표하고, 서로 믿을 수 있도록 격려해 주세요.

❶ 반 아이들 수만큼 카드 또는 원고용 종이와 편지를 담을 상자를 준비합니다.

❷ 친구 한 명당 한 장을 사용하여, '평소에 느낀 점, 고마운 마음', '대단하다고 생각했던 점이나 좋은 점' 등을 진심을 담아 정성껏 쓰도록 합니다.

❸ 반 아이들 전원이 모두에게 편지를 썼다면, 친구의 책상 위에 놓인 상자에 편지를 넣습니다.

❹ 모든 아이들이 모두 편지를 나눠 가졌다면, 자신에게 도착한 편지를 읽어 봅니다.

❺ 편지를 읽고 난 뒤, 감상을 서로 이야기해 봅니다.

포인트

· 지금까지 있었던 친구와의 일을 쉽게 떠올릴 수 있도록 생활 속 사건이나 경험한 행사에 대해서 구체적으로 예를 들어 이야기한 후, 편지를 쓰도록 합니다.
· 얼굴을 보며 말할 수 없었던 자신의 마음도 '편지'를 통해 친구에게 전하기 쉬워지고, 친구를 격려할 수 있게 됩니다.
· 다정한 말을 듣는 활동을 통해, '나는 이대로도 괜찮구나.'라는 자존감의 향상으로도 이어집니다.
· 친구가 무언가 말하기만을 기다리는 것이 아니라, 나부터 '어떻게 하면 친구와 사이좋게 지낼 수 있는지', '어떻게 친구를 기분 좋게 할 수 있는지'를 생각하게 되므로, 주위 친구들과의 관계를 좋게 유지할 수 있습니다.

2 다른 사람의 감정 깨닫기

19 주변 사람이 곤경에 처했다면

아이를 이해하기 위한 활동

A는 학교에서 돌아온 후, 치과에 가기 위해 엄마와 버스에 탔습니다. 자리가 비어 있어서 A는 엄마와 자리에 앉을 수 있었습니다. 하지만 시간이 조금 지나자 버스에 사람이 가득 찼고, 3번째 버스 정류장에서는 목발을 짚은 남자가 버스에 탔습니다. 그 남자는 빈자리를 찾고 있는 것 같았습니다.

1. 목발을 짚은 남자는 어떤 기분일까요? 알맞은 것에 ○를 쳐 보세요.

- 다리 아프다
- 버스가 흔들리면 곤란한데
- 자리가 나면 좋겠다

2. A는 어떤 기분일까요? 알맞은 것에 ○를 쳐 보세요.

- 내가 먼저 앉았으니까 이대로 앉아 있자
- 누군가 자리를 양보해 주면 좋을 텐데
- 서 있으면 힘드실 테니까 내 자리를 양보해 드리자

| 활동 | '제스처로 말해요' 게임 |

다른 사람의 행동을 보고 어떤 상황인지 예상해 보는 게임입니다. 실제로 누군가 곤란에 처한 상황에서, 자신이 어떤 일을 할 수 있을지 생각해 보는 연습을 할 수 있습니다.

❶ 4~5명이 팀을 만듭니다. 팀끼리 그림처럼 앉습니다. 앉는 순서는 팀에서 이야기해서 정합니다. 가장 앞에 있는 사람 이외에는 모두 뒤돌아 앉습니다.

❷ 가장 앞에 있는 사람은 사회자가 있는 곳에 가서, 문제(곤란에 처한 상황)가 쓰여 있는 종이를 봅니다.
(상황 예) 상자가 무거워 혼자 들 수 없을 때, 달리다가 넘어졌을 때, 배가 아플 때, 글을 쓰다가 틀렸을 때, 급식을 흘렸을 때 등

❸ 문제를 본 후, 각 팀으로 돌아가 두 번째 사람의 어깨를 톡톡 칩니다.

❹ 두 번째 사람이 뒤돌면, 맨 앞의 사람은 소리를 내지 않고 몸짓과 손짓으로 문제에 쓰여 있던 내용을 전달합니다. 몇 번을 반복해도 괜찮습니다.

❺ 두 번째 사람이 문제를 알아챘다면, 세 번째 사람의 어깨를 톡톡 칩니다.

❻ 4~5번을 반복하며 마지막 사람에게까지 전달했다면, 마지막 사람은 문제 상황에서 건넬 말을 생각합니다. 그리고 마지막 사람은 맨 앞의 사람에게 생각한 말을 합니다. 맨 앞에 있던 사람이 봤던 '곤란에 처한 상황'에 알맞은 대응이었는지 팀에서 상의합니다.

포인트

· 공공장소에서는 목발을 짚은 사람뿐만 아니라, 노약자, 몸이 안 좋아 보이는 사람, 임산부 등, 자리에 앉지 않으면 곤란한 사람을 만날 기회가 있습니다.
이럴 때, 상대방이 "자리 양보해 주세요."라고 말하지 않아도 '이 사람은 곤란에 처했을지도 몰라.'라는 상상력과 배려하는 마음을 길러 주고 싶을 것입니다.
· 모르는 사람에게 말을 걸거나, 손을 뻗는 것을 처음에는 '부끄럽다'라고 생각하더라도 조금만 용기를 내면 '나도 다른 사람에게 도움을 줄 수 있다.'라는 경험을 할 수 있습니다.

20 친구의 기분에 다가가 보자

아이를 이해하기 위한 활동

사이좋은 친구와 싸우면 슬퍼지거나 어떻게 하면 좋을지 몰라 곤란할 때가 있습니다. 그럴 때, 친구가 따뜻한 말 한마디를 걸어오면 마음이 편안해지고 긍정적으로 생각할 수 있게 됩니다.

1. 친구와 싸웠을 때, 여러분은 어떤 기분이 드나요?

- 슬프다
- 용서 못 한다
- 화해할 수 있을지 걱정된다
- 다시는 보고 싶지 않다

2. 어떤 말을 들었을 때 기분이 편안해질까요?

예) "싸워서 슬프겠구나."
　　"왜 그렇게 말하는지 이해가 잘 안 됐구나."
　　"언제든 네 얘길 들어 줄 테니까."

> **활동** 이럴 때 어떻게 말을 걸까?

❶ 표정과 상황이 쓰인 카드를 준비합니다.
  예) 슬픈 얼굴, 부끄러운 얼굴, 화난 얼굴, 곤란한 얼굴, 기쁜 얼굴
❷ 카드 한 장을 골라, 그 아이의 마음에 다가가 건넬 말을 생각해 발표합니다.
❸ 그 말은 어떤 카드의 아이에게 건네는 말인지 맞추기 게임을 해 봅시다.

친구와 싸우고 말았다

운동회에서 달리기하다가 넘어졌다

자신의 험담을 들었다

수학 문제를 어떻게 풀어야 하는지 모르겠다

크리스마스 선물을 받았다

> **포인트**
> - 상대방의 마음에 다가가 말을 건넬 때는, 우선 상대방이 어떤 마음일지를 이해해야 합니다. 그러기 위해서는 말은 물론 표정이나 몸짓을 관찰하는 것이 도움이 됩니다.
> - 일상생활 속에서 어른이 자신의 마음을 알아주었던 경험이 친구의 마음을 이해하려고 하는 마음을 키웁니다. 싸운 상황에서 "화해해야지."라고, 해야 하는 것을 말해 주는 것이 아니라, "화해할 수 있을까 걱정이지?"라고 마음에 초점을 맞춘 말을 건네 봅시다.

2 다른 사람의 감정 깨닫기

21 친구와 어울릴 수 있는 말

아이를 이해하기 위한 활동

자신의 특기나 열심히 한 것을 친구나 가족이 칭찬해 주면 기쁘겠지요. 이렇듯 상대방의 존재나 가치를 인정하기 위한 말과 태도는 서로의 관계를 편안하고 풍부하게 만들어 줍니다.

1. 아이들에게 자신의 좋은 점이나 열심히 하는 것이 있는지 쓰도록 합니다.

----

2. 특기나 열심히 한 것을 칭찬받으면 어떤 기분이 드는지 생각해 보도록 합니다.

| 기쁘다 | 그 아이가 좋아진다 | 안심한다 | 쑥스럽다 |
| 알아주었다는 생각이 든다 | 더욱 열심히 하고 싶어진다 | | |

활동 1 **다양한 칭찬의 말**

듣고 싶은 좋은 말을 써 봅시다.

❶ 칭찬의 말에는 어떤 것이 있을까요?

내가 들었을 때 기뻤던 말

| 대단하다 | 잘했구나 | 잘한다~! |

| 열심히 했구나 | 나도 그렇게 되고 싶어 |

활동 2 **친구의 좋은 점을 칭찬해 봅시다**

❶ 카드의 공란에 이름과 친구가 열심히 하는 것을 적도록 합시다.
❷ 아이들에게 가능한 많은 카드를 써서 많은 친구들에게 건넬 수 있도록 해 주세요.
❸ 자신이 받은 카드에 마음을 담아 답장을 건네도록 합시다.

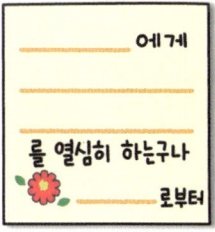

포 인 트

· 친구를 칭찬할 때는, 상대방을 인정하는 말을 따뜻한 태도로 전해야 합니다. 구체적으로는 웃는 얼굴로 상대방을 보면서 밝은 목소리로 말하면, 서로의 관계가 풍부하고 따뜻하게 될 것입니다.
· 중요한 것은 칭찬하는 것을 통하여 상대방과 긍정적인 커뮤니케이션을 할 수 있도록 하는 것입니다. 친구가 말해 줬을 때 기쁘거나 즐거운 긍정적인 커뮤니케이션과 슬퍼지거나 기분이 나빠지는 부정적인 커뮤니케이션을 비교하면서 그 차이를 가르칩니다.

칼럼 ❷

독서와 감정

그림책에는 다른 사람과의 관계나 마음을 뒤흔드는 여러 사건이 등장합니다. 부모님이 책을 읽어 주시거나, 자신이 책을 읽고 참고하면서 아이들은 서서히 감정을 제대로 조절하거나 표현할 수 있게 됩니다. 그 이유는 독서가 어휘력이나 말에 의한 표현력을 풍부하게 만들어 주기 때문입니다. 이러한 힘을 기르면 자신의 마음속에서 일어나고 있는, 자신도 잘 모르는 마음을 말로 정리할 수 있게 됩니다. 그리고 그 후에 감정이 일어난 원인을 추측하고 대처법을 생각할 수 있게 되는 것입니다.

가수인 호무라 히로시 씨에게는 재미있는 에피소드가 하나 있습니다. 에스컬레이터를 큰 구둣발 소리로 내려가는 여성들에게 그는 짜증이 났다고 합니다. 하지만 지인이 말하길, 그 소리는 그 여성들이 신은 샌들 구조상 어쩔 수 없는 것으로, 그러한 여성들을 '캐스터네츠 걸'이라고 부른다는 것이었습니다. 그러자 그 여성들이 냈던 구둣발 소리가 재미있게 들리기 시작했다고 합니다. 이렇듯 하나의 신조어로도 기분이 바뀝니다. 많은 말과 감정을 아이들의 마음속에 심어 주기 위해서, 그림책과 책을 접할 기회를 조금씩 조금씩 늘리는 것이 중요합니다.

또한, 많은 이야기를 아는 것도 중요합니다. 작가인 아카가와 지로 씨는 "독서란 인생의 예방 접종"이라고 말합니다(『이매지네이션』에서). 경험하지 않은 사건이라도 독서를 통해 여러 이야기를 만나면, 현실에 그러한 일이 일어났을 때 이미 면역이 되어 있다는 것입니다. 아카가와 씨는 연인과 헤어졌을 때, 소설 속에서 읽은 것과 완전히 똑같은 기분이 들었다고 합니다. 독서를 통한 예행연습으로 실연하고도 냉정하게 있을 수 있어서, 소설의 위대함에 감탄할 정도의 여유까지 있었던 것 같군요.

잠들기 전에 부모님이 그림책 등으로 많은 이야기를 들려주세요. 그것은 아이들이 기분 좋게 잠들기 위한 것뿐만 아니라, 마음에 다양한 인생의 '면역'을 키워 주는 것이 될 것입니다. 게다가 예방 주사처럼 아프지도 않답니다.

자신의 감정을 조절하기

22 왜 기분을 조절해야 할까?

아이를 이해하기 위한 활동

기분이 너무 고조되면 행동이나 액션이 커지게 됩니다. 기쁨의 표현은 자신도 주위 사람도 행복하게 만들지만, 끝없이 계속된다면 주변 사람이 불쾌할 수도 있습니다. 불만이나 분노, 두려움도 마찬가지입니다. 주변 사람과 엇갈림이 커지면, 자신을 친구가 받아들이지 않는다거나 선생님도 알아주지 않는 것 같은 마음이 생기고 맙니다.

이럴 때, 여러분이라면 어떻게 할까요? 알맞은 것에 ○를 쳐 보세요. 알맞은 것이 없을 땐 ( ) 속에 적어 보세요.

· 굉장히 즐거울 때

| 목소리가 커진다 | 웃음이 멈추지 않는다 | 몸이 저절로 움직인다 | ( ) |

· 짜증이 많이 날 때

| 소리를 지른다 | 물건을 부순다 | 누군가를 때린다 | ( ) |

· 너무 무서울 때

| 소리를 내어 운다 | 그 자리에서 도망친다 | 가만히 있지 못한다 | ( ) |

 **대대적인 조사 "친구가 이러면 어떤 생각이 드나요?"**

여러분의 친구가 아래 표의 행동을 하면 여러분은 어떤 생각이 들까요?
네 가지 중 알맞은 것에 ○를 쳐 봅시다.

1	선생님의 관심을 받기 위해 연필로 책상을 친다. (그 아이랑 놀기 싫다 · 기분 나쁘다 · 신경 쓰지 않는다 · 괜찮다)
2	시험에서 백 점을 맞아, 교실에서 노래 부르며 방방 뛰어다닌다. (그 아이랑 놀기 싫다 · 기분 나쁘다 · 신경 쓰지 않는다 · 괜찮다) 
3	카드 게임에서 진 아이가 카드를 냅다 던지고 어딘가로 가 버렸다. (그 아이랑 놀기 싫다 · 기분 나쁘다 · 신경 쓰지 않는다 · 괜찮다)
4	치과에서 옆 진찰대에 있던 아이가 "무서워~!"라며 울부짖고 있다. (그 아이랑 놀기 싫다 · 기분 나쁘다 · 신경 쓰지 않는다 · 괜찮다) 
5	붐비는 신발장에서 어떤 아이와 부딪쳤는데 주먹이 날아왔다. (그 아이랑 놀기 싫다 · 기분 나쁘다 · 신경 쓰지 않는다 · 괜찮다)

★다른 친구들은 어떻게 생각하고 있을까요? 결과 발표를 기대해 주세요!

포인트

- 조사 항목은 아이의 생활을 바탕으로 하면 요즘 실태에 맞는 내용으로 구성할 수 있고, 아이 스스로 자신에 대해 깨닫게 하는 것이 가능합니다. 어른도 아이가 어떻게 이해했는지 알 수 있습니다.
- 단, 조사 항목이 특정 개인을 연상시키거나, 최근의 에피소드를 바탕으로 이루어졌다면, 해당 아이의 자존감이 저하될 우려가 있습니다. 어디서든 있을 법한 상황임을 제대로 언급하거나 항목에 각색을 더하는 등 적절한 조치가 필요합니다.
- 기분 조절이 어려운 아이 중에는 '민폐일 리가 없어!'라고 생각하는 아이도 있습니다. 주위 사람들이 어떻게 생각하는지를 알려 줘서 기분을 조절해야 하는 필요성을 깨닫게 해 주세요. 컨트롤할 수 있다는 것을 알게 될 것입니다.

23 작은 짜증을 내뱉자

아이를 이해하기 위한 활동

사람의 마음은 기분을 담아 두는 컵과 같은 것으로, 사람마다 크기가 모두 다릅니다. 하나의 큰 화로 컵이 가득 찰 수도 있지만, 작은 짜증이 모여 컵이 가득 차 버리는 일도 많습니다.

이럴 때, 여러분의 짜증의 크기는 어느 정도일까요?
알맞은 것에 ○를 쳐 보세요.

· 오늘은 짐이 많아서 학교까지 걸어가는 게 힘들었다.

| 심하게 짜증이 난다 | 살짝 욱한다 | 신경 쓰이지 않는다 |

· 그네를 타려고 줄을 서 있는데 새치기를 당했다.

| 심하게 짜증이 난다 | 살짝 욱한다 | 신경 쓰이지 않는다 |

· 급식에서 제일 좋아하는 반찬이 옆에 앉은 아이보다 적다.

| 심하게 짜증이 난다 | 살짝 욱한다 | 신경 쓰이지 않는다 |

 **짜증 컵**

❶ 다음 1~10의 말을 듣고 '나라면 짜증 나지.'라고 생각할 때, 종이로 둥글게 공을 만들어 컵에 넣어 봅시다.

① 아침 일찍 일어나서 게임을 할 생각이었는데 늦잠 잤다.
② 발이 돌에 걸려 넘어질 뻔했다.
③ 아침 자습 시간에 나눠 준 프린트의 가장자리가 찢어져 있었다.
④ 국어 시간에 받아쓰기를 틀려서 친구들이 웃었다.
⑤ 체육 시간에 줄을 서 있었는데 앞에 있던 아이가 발을 밟았다.
⑥ 급식에서 싫어하는 반찬이 나왔다.
⑦ 피구에서 어떤 애가 공에 맞았는데 밖으로 나가지 않았다.
⑧ 친구에게 "오늘 놀 수 있어?"라고 물어보자, "안 돼."라고 대답했다.
⑨ 엄마가 "숙제했니?"라고 몇 번이나 물어봤다.
⑩ 동생에게 장난감을 빼앗겼다.

＊투명한 플라스틱 컵을 쓰면 종이가 얼마만큼 쌓였는지 보기 쉽습니다.

❷ 컵이 가득 차면 무리하게 눌러 담지 말고, 안에 든 공을 꺼내고 새로운 공을 넣어요.

하나하나의 공은 작아도 많이 쌓이면 컵이 가득 찬다는 것을 실감할 수 있습니다. 컵이 가득 차게 되면, 그만큼 커진 화를 컨트롤하는 것은 어렵지만, 작은 짜증을 조금씩 컵 밖으로 꺼내면 해결하기 쉽다는 것을 깨닫게 해 주세요.

포인트

· 같은 사건이라도 짜증이 나는 사람과 그렇지 않은 사람이 있습니다.
· 커다란 짜증에 대응하기 위해서, 작은 짜증을 마음 밖으로 꺼내는 것이 중요하다는 것을 가르쳐 주세요.
· 마음이 짜증으로 폭발하지 않도록 미리 여유를 만들어 두면, 갑자기 큰 짜증이 찾아와도 대응할 수 있는 스킬이 늘어납니다.

24 짜증을 컨트롤하는 스킬

아이를 이해하기 위한 활동

분노의 감정은 누구나 가지고 있는 것으로, 그것 자체가 나쁜 것은 아닙니다. '쉽게 화를 내는 아이'는 활동적이고 정의감이 강한 아이인 경우가 많습니다. 문제는 주위에서 '싫어', '민폐야'라고 생각하게 만드는 방법으로 화를 해소하기 때문입니다.

1. 여러분은 어떨 때 짜증이 나거나 화가 나나요?

---

2. 짜증이 나거나 화가 나면 어떤 상태가 되나요? 알맞은 것에 ○를 쳐 보세요. 알맞은 것이 없다면 (　　)에 적어 보세요.
(얼굴에 힘이 들어간다) (몸이 뜨거워진다) (땀이 난다) (손발이 떨린다) (두근두근한다)
(배가 아프다) (몸의 어느 한 부분이 움직인다) (큰 소리를 낸다) (누군가를 때린다)
(　　　　　　)

3. 그로 인해서 지금까지 곤란을 겪었던 적이 있었나요?

---

4. 어떻게 하면 짜증을 컨트롤할 수 있을까요?

활동 · 안녕 짜증! '통' 가위바위보

❶ 두 팀으로 나뉘어 각각의 위치에서 길을 따라가다 '통' 하고 만났을 때 가위바위보를 합니다.

❷ 가위바위보에서 이기면 카드를 뒤집습니다.
카드에는 상황 설정과 짜증 강도(대·중·소), 그 해결법이 적혀 있습니다.

> **대**…바위와 보를 10회 반복합니다.
> **중**…혼잣말 단어
> "짜증 나!", "제기랄!", "아!"
> 중에서 하나를 중얼거리세요.
> **소**…심호흡을 하세요.

❸ 가위바위보에서 진 사람은 상대방의 액션을 보고 'OK!' 사인을 합니다.

❹ 이긴 사람은 먼저 앞으로 갈 수 있고, 진 사람의 팀은 다음 사람이 출발합니다.

❺ 상대편의 신시까시 가면 포인트를 얻습니다.

포인트

· 분노의 감정은 몸속의 에너지가 높아진 상태이므로 몸을 움직여 에너지를 소비시키는 것이 좋습니다. 얼굴에 힘을 주거나, 점프하는 등 그 아이에 맞춘 해소 행동을 하도록 하는 것도 좋은 방법입니다.

· 혼잣말 단어는 아이가 일상생활에서 짜증이 날 때 중얼거리는 것이면서 학급 단체 속에서 허용되는 범위 안에서 고르도록 합니다. 과한 혼잣말은 자신에게도, 상대방에게도 좋지 않다는 것을 알려 주세요.

· 게임에 익숙해지면 가위바위보에서 이겨 카드를 뒤집은 사람은 자기 나름대로 짜증 강도 대·중·소를 정하여, 그에 맞는 해소법을 해 봐도 좋습니다.

25 긴장을 풀기 위해서

아이를 이해하기 위한 활동

발표나 시험에서 '여기서 제일 잘해야 해!'라고 생각하는 경우, 크게 긴장해 버리고 마는 아이가 있습니다. 적당한 긴장은 실력 발휘로 이어지지만, 너무 긴장하면 마음의 여유가 없어져 제대로 실력 발휘를 하지 못할 수 있습니다. 이럴 때, 긴장의 정도를 낮춰 주는 것이 릴랙스(relax)입니다.

이럴 때, 여러분은 어떤 기분이 되나요? 여러 개여도 괜찮으니 아래 [ ]에서 알맞은 번호를 적어 주세요.

① 이제 곧 책 읽기 순서가 내 차례다

( )

② 오늘은 운동회. 달리기에서 몇 등 할 수 있을까?

( )

③ 처음 가는 곳에 혼자 버스 타고 가야 한다

( )

> 1 두근두근한다 2 다리를 떤다 3 땀이 난다 4 목이 마르다
> 5 화장실에 가고 싶어진다 6 배가 아프다 7 아무런 변화가 없다

활동 1 긴장을 풀기 위해서

이미지 트레이닝을 해 봅시다.

자신이 잘 해내는 상상을 합니다.

주변 사람이 채소라고 상상합니다.

활동 2 바디 트레이닝

**긴장을 풀기 위해서 가볍게 움직이거나 체조를 하는 것도 좋습니다.
어떤 자세라도 괜찮으니 해 봅시다.**

❶ 4초간 이마나 코에 주름이 잡히도록 힘을 준 뒤 힘을 뺀다.

❷ 4초간 어깨를 귀 가까이 붙도록 힘을 준 뒤 힘을 뺀다.

❸ 한 손씩 4초간 꾸욱 주먹을 쥔 뒤 힘을 뺀다.

❹ 4초간 발끝까지 힘을 주어 뻗은 뒤 힘을 뺀다.

❺ 심호흡(5초간 숨을 들이마시고, 5초간 숨을 멈추었다가 8초간 내뱉는다.)

포인트
- 긴장한 상태에서는 불안에도 에너지를 쓰기 때문에 원래 과제를 완수하기 위해 쓰려던 에너지를 전부 쓸 수 없게 됩니다.
- '스스로 잘 해낸다', '성공해서 기뻐한다'와 같은 이미지를 떠올리며 '불안'을 줄이면, 원래의 실력을 발휘할 수 있게 될 것입니다.

26 무서워서 어쩔 줄 모를 때는 주문을 외워 보자

아이를 이해하기 위한 활동

'너무 무서워서 어쩔 줄 모르겠어.'라는 생각은 누구에게나 있는 본능적인 마음입니다. 그 마음이 있기 때문에 위험을 피할 수 있고, 아직 문제가 작을 때 해결할 수 있는 것입니다. 신중함은 보물입니다. 하지만 이 무서움을 극복하고 싶다면, 무서움을 퇴치하는 방법을 몸에 익히도록 합시다.

1. 여러분이 무서워서 어쩔 줄 모를 때는 어떤 때인가요? (여러 개도 선택 가능) 따로 무서운 것이 있다면 공란에 써 보세요.

☐ 귀신   ☐ 치과 선생님   ☐ 처음 하는 것   ☐ 처음 가는 장소
☐ 벌레   ☐ 어두운 것   ☐ 주사   ☐ 뜀틀
☐ 높은 곳   ☐ 얼굴에 물이 튀는 것   ☐ 잊어버렸다고 선생님께 말씀드릴 때
☐ 시험 결과를 받을 때   ☐ 혼자 집 보기
☐ (   )   ☐ (   )

2. 1에서 ○를 친 것 중 여러분이 어떻게든 극복하고 싶다고 생각하는 것이 있다면 ◎를 쳐 보세요.

활동 1 무서움의 정도를 연구하자

무서운 것을 쓰고 1에서 5까지 정도에 따라 나눠 봅시다. 레벨 5 : 정말 무섭다, 레벨 4 : 꽤 무섭다, 레벨 3 : 무섭다, 레벨 2 : 조금 무섭다, 레벨 1 : 별거는 아니지만, 살짝 무섭다.

(무서운 것)
(   )   레벨 〈　　〉
(   )   레벨 〈　　〉
(   )   레벨 〈　　〉
(   )   레벨 〈　　〉
(   )   레벨 〈　　〉

활동 2 나만의 주문

무서운 일이 일어났을 때, 도망간다 · 도움을 구한다 등의 행동을 하는 것이 굉장히 중요합니다. 스스로 극복할 수 있을 것 같은 레벨 1 과 레벨 2 의 무서운 것을 향해 외칠 주문을 생각해 봅시다.

◎좋아하는 노래를 부른다
♩♩♪~ ♪♪♫♪~

◎좋아하는 것을 3번 말한다
포켓몬! 포켓몬! 포켓몬!

◎말장난을 한다
내가 그린 기린 그림은 참 예쁜 기린 그림~!

이러쿵 저러쿵
◎ 왠지 웃기는 말

휘이~. 휘이~. 무서운 귀신, 물러가라!
◎엄마의 주문

아기 귀신
◎무서운 것을 캐릭터로 바꿔 본다

주문이 좀처럼 떠오르지 않는 아이에게는 좋아하는 노래나 캐릭터를 물어보면서 힌트를 줍니다. 종이에 써서 붙이거나 부적처럼 만들면 머릿속에 떠올리기 쉽겠지요.

포 인 트

· 무서운 것은 사람에 따라 천차만별입니다. 스스로 극복하고 싶지만 잘되지 않는다면, 자신이 약한 인간이라는 생각이 들어 자존감이 떨어지고 맙니다. 무서운 마음은 누구나 갖고 있고 때때로 필요하기도 한 감정이므로, 무서운 것이 있어도 나쁜 것이 아니라는 것을 가르쳐 주세요.
· 무서운 것을 참게만 하는 것이 아니라, 아이가 생활하면서 지장을 받을 정도로 느끼는 무서움에 대해서는 이해하고 대응할 수 있도록 해야 합니다.

'미안함'을 방해하는 기분

아이를 이해하기 위한 활동

'사과해야 하는데.'라고 생각해도, 혼나는 것이 무섭거나 타이밍을 놓쳐서 사과하지 못하는 경우가 있습니다. 바로 사과하지 않으면 나쁜 짓을 했다는 죄책감과 함께, 사과하고 싶지만 사과할 수 없는 답답한 마음에 시달리게 됩니다.

---

1. 자신의 작품이 부서졌을 때, 부순 친구가 사과한다면 여러분은 어떤 생각이 들 것 같나요? 아래 [ ]를 보고 알맞은 번호를 써 보세요. 알맞은 것이 없을 때는 공란에 적어 보세요.

   (   )

2. 여러분이 친구의 작품을 부순 후 사과하면 어떤 기분일까요?

   (   )

---

① 다행이라고 생각한다   ② '말하지 말걸.' 하고 후회한다   ③ 화내지 않을까 무섭다
④ 안심한다   ⑤ 용서받을 수 있을 거라고 생각한다

활동   사과하는 모습을 보고 따라 해 보자

❶ 어른들의 롤플레잉을 본다.
  Ⓐ 사과하지 않은 채 다음 날로 미루어 마음이 답답한 케이스
  Ⓑ 실수하고 바로 사과하여 "괜찮아."라는 대답을 듣고 후련한 케이스

❷ 자신의 경험을 떠올리며 사과하는 대사를 생각해 보고 종이에 적는다.

❸ 혼자서 마음속으로 말해 본다.

❹ 누군가와 함께 소리 내어 말해 본다.

❺ 상대역을 해 주는 누군가와 롤플레잉을 한다.

❻ 롤플레잉을 한 감상을 나눠 본다.
  ☆ 눈 딱 감고 사과하고 나니까 어떤 기분이 드나요?

아이에 따라서는 ③, ④는 생략하거나, ⑤를 하기 전에 인형 등을 상대역으로 삼아 해 보는 것도 좋습니다. 어른이 자신이 사과했던 경험이나 사과하지 못했던 경험을 들려주는 것도 효과가 있습니다. 누구나 실수는 할 수 있으며, 그 후 어떻게 했는지가 핵심이라는 것을 가르쳐 주세요.

포인트

· 사과하지 못하는 이유는 아이에 따라서 다양하지만, 사과해도 실수한 것에 대해 혼나거나 비난당하면 어쩌나 하는 생각에 사과하지 못하는 경우가 있습니다. 실수한 것보다 사과한 것에 주목하여 "솔직하게 얘기해 주었구나." 하고 칭찬하는 것이 중요합니다.
· '미안해, 바로 말하면 화해할 수 있어요.'와 같은 격언 만들기를 반에서 해 보세요. 콘테스트를 하거나 교실에 붙여 두는 방법도 있습니다.
· 도저히 얼굴을 보고 사과할 수 없거나 평소에도 말수가 적어 말하는 것에 긴장하는 아이에게는 편지 쓰기 등 다른 방법을 제안해 주세요.
· 어른이 살짝 부추겨 빨리 사과할 수 있도록 하면, 사과하고 난 후 얻은 개운한 경험을 통해 '스스로 사과하자.'라는 생각으로 발전할 수 있게 됩니다.

3 자신의 감정을 조절하기

28 참는 힘 기르기

> 아이를 이해하기 위한 활동

누구에게나 '참을 수 없어!'라는 생각이 들 만큼 강한 감정을 느낄 때가 있습니다. 하지만 그것은 스스로 참을 수 없다고 믿어 버리는 것일 뿐, 실제로는 참을 수 있는 것일 수도 있습니다. 참고 있는 자신을 상상하며, 어떻게 하면 참을 수 있을지 생각해 봅시다.

경험한 적이 있는 것에 ○를 쳐 봅시다.

( ) 친구가 하고 싶은 놀이에 맞춰서 놀았다
( ) 그네를 타고 싶었지만, 다른 아이가 타고 있어서 줄을 서서 기다렸다
( ) 선생님께 질문이 있었지만, 선생님의 이야기가 끝나는 것을 기다렸다가 물어보았다
( ) TV를 보고 싶었지만, 먼저 숙제를 했다
( ) 여동생과 보고 싶은 TV 방송이 달랐지만, 동생이 보고 싶은 방송을 보았다
( ) 말하고 싶었지만, 도서실에 있어서 조용히 했다
( ) 세 종류의 과자를 모두 먹어 보고 싶었지만, 하나만 골랐다

> 아이에게 맞춰 선택지를 바꿔서 평소 자신이 참고 있었던 일을 깨닫게 해 주세요.

활동 | 하고 싶은 기분은 얼마만큼?

❶ 친구와 놀 때 자신이 하고 싶은 놀이를 몇 가지 생각해 봅시다.
  첫 번째 (   )
  두 번째 (   )
  세 번째 (   )

❷ 각각의 놀이를 하고 싶은 마음은 얼마나 큰가요? ○ 속을 놀이별로 다른 색으로 칠해 봅시다.

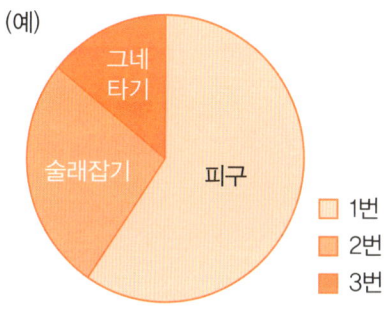

❸ 기분을 상대방에게 전해 봅시다.
  첫 번째 놀이를 하게 된다면 ⇒ "양보해 줘서 고마워."라고 말하기
  두 번째 놀이를 하게 된다면 ⇒ "내일은 내가 좋아하는 놀이를 하자."라고 부탁하기
  세 번째 놀이를 하게 된다면 ⇒ "나는 어떤 놀이도 재미있게 하는 놀이의 달인이야."라고 자랑하기

놀이의 선택지를 어른이 준비하거나, 오늘의 간식 고르기 등 다양한 응용 방법이 있습니다. '잘 참았구나.'라고 생각하게 되면 그렇게 싫은 기분이 들지 않고 참는 경험을 쌓게 됩니다.

포인트

- 그냥 "참아."라고 말하면, 왜 참아야 하는지 이유를 잘 이해하지 못하거나, '참는 것=싫은 것·괴로운 것'이 돼 버릴 수 있습니다.
- 하고 싶은 것을 참으면 포인트를 주고, 포인트의 수만큼 아이가 하고 싶은 것을 할 수 있게 하는 방법도 있습니다. "나중에 있을 보상을 기대하며 열심히 할 수 있었어."라고 말할 수 있는 자신감을 경험하게 해 주세요.

3 자신의 감정을 조절하기

29 사물을 보는 시각을 바꾸는 리프레이밍 방법

아이를 이해하기 위한 활동

누구에게나 콤플렉스나 서툰 것이 있습니다. 하지만 언제나 안 된다고 시무룩해 하거나 안 좋은 것만 생각하면 점점 더 기분이 가라앉고 맙니다. 신경 쓰이는 부분이나 서툰 것을 바라보는 시각을 바꾸어 좋은 점이나 특기로 바꿔 봐요. 생각의 틀을 바꾸는 것을 '리프레이밍'이라고 합니다.

다음 말은 오른쪽의 어떤 말로 리프레이밍할 수 있을까요?

걸핏하면 화를 낸다	차분히 생각한다
침착하지 않다	기운이 좋다
빨리 정하지 못한다	올바른 것을 좋아한다
칠칠치 못하다	다양한 것에 흥미를 가진다
시끄럽다	느긋하고 사소한 일은 신경 쓰지 않는다
제멋대로다	위험한 것을 바로 알아차린다
겁이 많다	자신의 의지를 갖고 있다

활동 변신! 신경 쓰이는 점을 좋은 점으로

❶ 여러분이 신경 쓰이는 점이나 서툰 것은 무엇인가요? 어떤 때에 그렇게 느끼나요?

〈서툰 것〉

〈어떤 때〉

❷ ❶에서 쓴 것을 친구에게 리프레이밍해 달라고 부탁해 봅시다.
준비물 : ① 약점 카드 (본인용)
② 리프레이밍 카드 (친구용)
③ 모두의 말 카드 (본인용)

＊①과 ②는 앞뒤로 하는 것이 좋습니다

① 자신의 신경 쓰이는 부분이나 서툰 것을 써 보자.

② 친구가 좋은 점이나 특기로 바꿔 주자.

③ 친구가 리프레이밍해 준 말을 써 보자.

> 자신의 신경 쓰이는 점이나 서툰 것이 좋은 점과 특기로 변신했어요! 그룹별로 서로의 카드를 보여 줘요.

포인트
리프레이밍 사고를 몸에 익히면 마음에 여유를 가지고 다른 사람을 대할 수 있습니다. 아이의 좋은 점을 발견해 끌어낼 수 있습니다.

3 자신의 감정을 조절하기

30 다시 일어서는 힘(회복력) 기르기

아이를 이해하기 위한 활동

원하는 대로 잘되지 않을 때 어떤 기분이 드나요? "이젠 안 돼."라며 포기하나요?
아니면 "또 실패할 것 같아."라며 불안해하나요?
부서질 것 같을 때, 마음을 긍정적으로 만드는 힘을 '회복력'이라고 합니다.
회복력을 키우는 방법을 몸에 익혀 봅시다.

**마음을 긍정적으로 만드는 마법의 말이 있을까요?
여러분은 어떤 말을 쓰나요?**

- "걱정하지 마! 무시해, 무시해."
- "괜찮아, 괜찮아."
- "뭐 괜찮겠지."
- "어떻게든 될 거야."
- "다음에 더 열심히 하자."
- "좋았어! 해 보자."
- "이건 나에게 온 기회야."
- "다음에는 분명 잘될 거야."
- 그 외 ( )

활동 자신이 가진 힘을 찾아보자

자신을 되돌아보고, 좋은 점이나 할 수 있는 것을 아래 클로버 속에 써 봅시다.

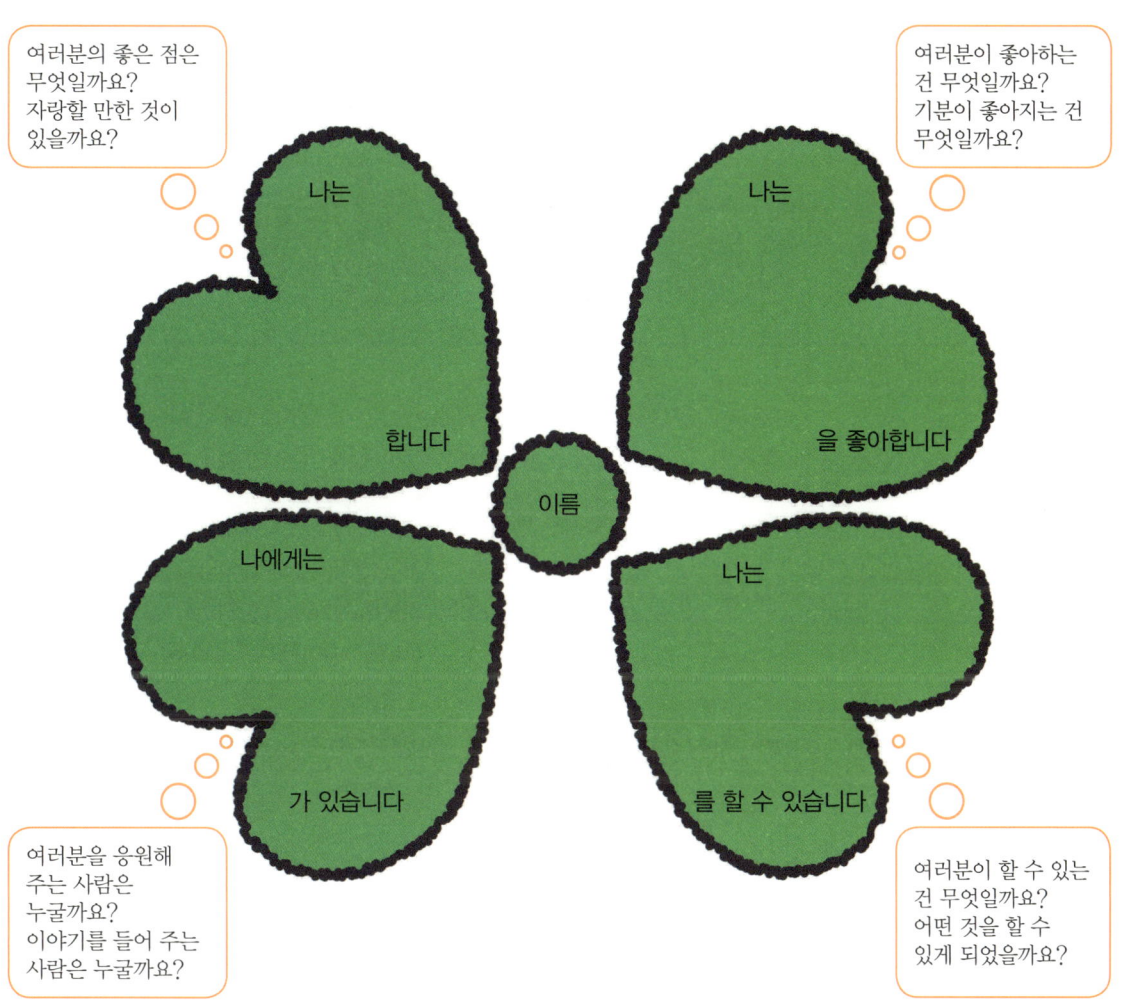

포인트

· 다시 일어서는 힘을 기르기 위해서는 때로는 어른이 아이에게 다가가 도와주는 것이 좋습니다. 다른 사람과 함께 활동하여 성공한 경험이 많으면 많을수록 아이의 자신감과 의욕은 자라나게 됩니다. 아이가 성공했을 때는 진심을 담아 칭찬해 주세요.
· 실패의 경험을 살려 다음에는 성공으로 이끌어 주세요. "왜 못하니?"가 아니라, 어떻게 하면 잘할 수 있을지 함께 생각해 주세요.
· "어떻게든 될 거야! 너답게 해 보자."라고 격려해 주세요.

3 자신의 감정을 조절하기

31 기분과 행동의 관계를 이해하기

아이를 이해하기 위한 활동

기쁠 때, 즐거울 때, 슬플 때, 걱정될 때, 어떤 행동을 하나요? 기분과 행동은 이어져 있습니다. 또 기분은 말과도 이어져 있습니다.

다음과 같을 때, 여러분은 어떤 기분이 드나요? 그때 어떤 행동을 하나요? 선으로 이어 보세요.

(장면)	(기분)	(행동)
좋아하는 것을 먹었을 때	분하다	큰 소리를 낸다
	슬프다	쓸쓸히 고개를 떨군다
카드 게임에서 졌을 때		만세를 한다
	화가 난다	심호흡을 한다
싸웠을 때	두근두근 불안	운다
발표회에서 발표할 때	맛있다	물건을 던진다
		한숨을 쉰다
줄넘기를 할 수 있게 되었을 때	기쁘다	웃는다
	즐겁다	즐거운 듯 뛴다
친구와 사이좋게 놀 때	걱정된다	손뼉 친다

활동 기분이 다르면 어떻게 말할까?

네 개의 상황에서 여러분은 뭐라고 말할 건가요? 아래 선택지를 힌트로 생각해 봅시다.

· 친구가 "같이 놀자."라고 했을 때 (①고민하고 있다 ②기분이 좋다)

· 엄마가 "좀 도와주겠니?"라고 했을 때 (③간식을 먹은 후 ④숙제를 할 때)

선택지

싫어	무리야	시끄러워	지금은 바빠, 나중에
불러 줘서 고마워		응, 좋아	오케이!
알았어	이따가 할게	지금 갈게	

포인트

· 기분과 행동은 이어져 있으므로 행동을 바꾸기만 해도 기분이 바뀔 때가 있습니다. 의욕이 나지 않을 때는 눈을 딱 감고 행동해 보면 기운이 날 때도 있습니다.
· 아이가 말하고 싶은 것, 해 보고 싶은 것은 행동이나 몸짓으로 나타납니다. 어른은 그것을 캐치해서 어떤 기분일지 상상해 보세요.

32 기운이 나는 방법을 찾아보자

아이를 이해하기 위한 활동

친한 친구와 싸우거나, 부모님께 혼나면 기분이 가라앉을 때가 있습니다. 어떻게 기분 전환을 하면 좋을지 잘 모르면 그대로 가라앉은 기분에 사로잡힐 수도 있습니다. 자신의 힘으로 기운을 되찾는 방법을 찾아봅시다.

어떨 때, 기분이 맥없이 가라앉나요?
알맞은 기분에 ○를 쳐 보세요.

① 친구와 싸웠을 때
　　(아무렇지 않다 · 살짝 가라앉는다 · 심하게 가라앉는다)

② 엄마나 아빠(선생님)에게 혼났을 때
　　(아무렇지 않다 · 살짝 가라앉는다 · 심하게 가라앉는다)

③ 물건을 잃어버렸을 때
　　(아무렇지 않다 · 살짝 가라앉는다 · 심하게 가라앉는다)

④ (운동이나 공부를) 잘하지 못했을 때 (or 틀렸을 때)
　　(아무렇지 않다 · 살짝 가라앉는다 · 심하게 가라앉는다)

⑤ 졌을 때
　　(아무렇지 않다 · 살짝 가라앉는다 · 심하게 가라앉는다)

활동 기운이 나는 마법 찾기 여행을 떠나자!

여러분을 기운 나게 하는 것을 찾아봅시다.

기운이 나는 말

기운이 나는 놀이(활동)

기운이 나는 음식

기운이 나는 노래

기운이 나는 물건이나 책

포인트
· 자신의 기분이 가라앉기 쉬운 상황을 알아 두거나 자신을 기운 나게 하는 것을 많이 준비해 두면, 기분이 가라앉지 않고 해결되거나 빠르게 다시 기운을 차릴 수 있다는 것을 알려 주세요.

3 자신의 감정을 조절하기

33 음식의 맛있음을 느껴 보자

아이를 이해하기 위한 활동

우리는 일상 속에서 시간에 쫓겨 행동하거나 주변 상황에 맞추어 말할 때가 있습니다. 하지만 그것만 신경 쓰며 살다 보면, 자신이 실제로 어떻게 느끼는지에 대해서는 소홀해지기 쉽습니다. '지금' 자신의 감각이나 기분을 있는 그대로 받아들이는 것을 '마인드풀니스(mindfulness)'라고 부르며, 있는 그대로를 수용하면 스트레스가 줄어들고 편해질 수 있습니다.

① 어떤 음식을 좋아하나요? 그 이유는 무엇인가요?

    좋아하는 음식   이유
    (　　　　　　　　　) (　　　　　　　　　　　　)

② 어떤 맛인가요?
    (　　　　　　　　　　　)

③ 냄새는 어떤가요?
    (그다지 나지 않는다 · 조금 난다 · 심하게 난다)

④ 식감은 어떤가요?
    (아삭아삭 · 말랑말랑 · 폭신폭신 · 육즙이 있다 · 미끌미끌 · 쫀득쫀득)

⑤ 좋아하는 점은?
    (맛 · 냄새 · 색 · 형태 · 식감 · 전부)

활동 1 반찬을 관찰해 보자

① 모양은 어떤가요?
   어떤 색? 미끌미끌? 울퉁불퉁? 어디서 봐도 같은 모양인가요?
② 냄새는 어떤가요?
③ 식감은 어떤가요?

활동 2 혀와 입과 귀로 맛보자

반찬을 입속에 넣어 봅시다. 눈을 감고 혀로 느끼며 입속에서 굴려 가며 씹어 보세요. 그 소리를 듣고, 맛보며 천천히 삼켜 봅시다.

① 입에 넣고 나서 삼킬 때까지 어떻게 이동했나요?
   어떤 이로 씹었나요? 씹으니까 어떤 모양이 되었나요?
② 맛은 어떤가요? 단맛? 신맛? 맛은 진한가요? 연한가요?
③ 씹으면 어떤 소리가 나나요?
④ 어떤 기분이 들었나요?

포인트

· 음식을 맛보고 행복한 기분을 느끼는 것을 목표로 합니다.
· 같은 것을 먹더라도 사람에 따라 느끼는 것이 다릅니다. 특히 편식이 심한 아이는 후각이나 미각이 예민하므로 다른 사람들보다 불쾌감을 잘 느낄 수 있습니다. 각자가 느끼는 것을 존중해 주세요.

34 주변 소리에 귀 기울여 보자

> 아이를 이해하기 위한 활동

우리 주변에는 많은 소리가 넘쳐흐르고 있습니다. 어떤 소리가 나는지 귀를 기울여 봅시다. 가슴이 두근거리거나 마음이 편안해지지 않나요? 생활 속의 소리에 귀를 기울여 보며, 수많은 멋진 소리 속에서 살고 있다는 것을 느끼게 해 주세요.

주변에는 어떤 소리가 있을까요? 여러분이 좋아하는 소리에 ○를 쳐 보세요. 여기에 없는 소리가 있다면 ☐ 안에 적어 보세요.

피아노 소리	강이 흐르는 소리	사람이 웃는 소리
새가 지저귀는 소리	전차 소리	개가 짖는 소리
차가 달리는 소리	빗소리	바람이 부는 소리

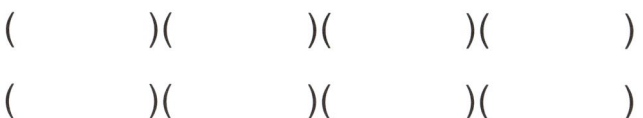

활동 1 귀를 기울이면

① 안전한 곳에서 눈을 감고, 들리는 소리를 (   ) 안에 적어 봅시다. 그중 마음에 든 소리를 하나 골라 ○를 쳐 봅시다.

(   )(   )(   )(   )

(   )(   )(   )(   )

② ○를 친 소리에는 어떤 특징이 있는지 생각해 봅시다.
· 그 소리를 듣고 얼마만큼 기쁜 느낌이 들었나요? 색을 칠해 봅시다.

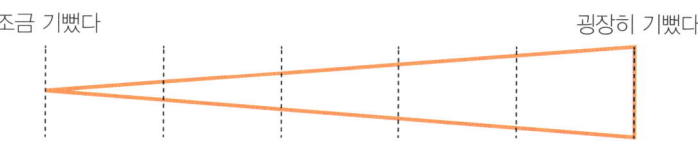

조금 기뻤다   굉장히 기뻤다

· 그 소리는 얼마만큼 편안한 느낌이었나요? 색을 칠해 봅시다.

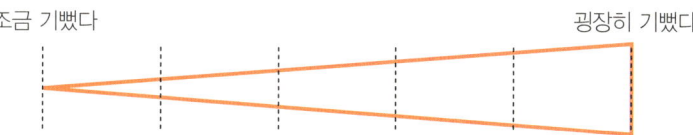

조금 기뻤다   굉장히 기뻤다

활동 2 소리 카드

· 소리 카드를 보고 어떤 기분이 들었는지 써 봅시다. 잘 모를 때는 아래 기분 카드에서 골라 봅시다.

기분 카드

| 울렁울렁 | 포근포근 | 두근두근 | 느긋하게 | 조마조마 |
| 싱숭생숭 | 아른아른 | 싱글벙글 | 훌쩍훌쩍 | 룰루랄라 |

포인트

· 소리의 훌륭함을 가르쳐 주세요.
· 다양한 소리가 있다는 것을 알게 되면, 자신이 어떤 소리를 들으면 마음이 편안하고 안심하는지, 두근두근하고 즐거운 기분이 드는지 찾을 수 있습니다.

35 천천히 호흡하자

아이를 이해하기 위한 활동

우리는 깨닫지 못하는 사이에 호흡을 하고 있는데, 이 호흡은 빨라지기도 하고 느려지기도 하며, 기분이나 몸 상태에 따라 변화합니다. 천천히 호흡하면 마음이 안정되고 머릿속이 개운해집니다. 천천히 호흡하는 연습을 해 보세요.

호흡에 관한 퀴즈

1. 사람은 1분 동안 몇 회 정도 호흡할까요?
(1) 약 10회   (2) 약 20회   (3) 약 60회

2. 사람은 한 번에 얼마만큼의 공기를 마실까요?
(1) 욕조 크기만큼(약 180ℓ)   (2) 한 컵 분량(약 300㎖)   (3) 페트병 1개 분량(약 500㎖)

3. 가장 호흡 횟수가 많은 건 언제일까요?
(1) 운동할 때   (2) 평상시   (3) 잘 때

4. 화나거나 초조할 때, 호흡은 어떻게 될까요?
(1) 느려진다   (2) 변함없다   (3) 빨라진다

(퀴즈 정답: 1. ② 2. ③ 아이는 한 컵 분량으로 알려져 있습니다. 3. ① 4. ③)

활동 1 　호흡을 눈으로 보자

호흡은 눈에 보이지 않습니다. 주변 사물을 써서 숨을 들이마시거나 내쉬면서 호흡의 모습을 상상해 봅시다.

물이 든 컵에 숨을 내뱉으면 보글보글하고 거품이 일어나는 것이 보인다.

종이봉투 구멍에 입을 대고 숨을 들이마시고 내쉬면, 호흡에 맞춰 종이봉투가 부풀었다가 꺼진다.

활동 2 　배를 이용하여 호흡하기

풍선을 이용해서 천천히 호흡하는 연습을 해 봅시다. 익숙해지면 풍선을 쓰지 않고, 배에 손을 얹고 배가 부풀었다가 꺼지는 것을 확인해 봅시다.

❶ 배가 움푹 들어가도록 풍선을 불어 보자.

❷ 배가 부풀어 오르도록 코로 숨을 들이마신다.

❸ 다시 한번 배가 움푹 들어가도록 숨을 내쉬며 풍선을 불어 보자.

포인트

· 호흡의 길이나 깊이는 신경 쓰지 말고, 자신의 배가 부풀거나 꺼지는 것을 의식하도록 합니다. 천천히 호흡하면 기분이 편안해지는 것을 가르쳐 주세요.
· 기분 나쁜 일이 있을 때나 기분을 안정시키고 싶을 때, 천천히 호흡하는 것이 효과적이라는 것을 가르칩니다.

36 마음이 편해지는 촉감을 찾아보자

아이를 이해하기 위한 활동

슬플 때나 화날 때, 기분에 휘둘린다는 느낌을 받지 않았나요? 조금이라도 그런 기분에서 벗어나는 연습을 해 봅시다. 촉감에도 다양한 것이 있다는 것을 알게 해 주세요. 마음이 편안해지는 감촉은 마음을 진정시켜 줍니다.

다양한 물건을 만졌을 때, 촉감이 좋았던 것은 어떤 느낌이었나요? 실제 주변에 있는 물건을 만져 보고 (　)에 어떤 촉감이었는지 적어 보세요.

· 책상 (예: 딱딱, 거칠거칠)
(　　　　　　　　　　　　　　　　　　　　)

· 지우개 (예: 몰캉몰캉, 푹신푹신)
(　　　　　　　　　　　　　　　　　　　　)

· 내 얼굴 (예: 따뜻하다, 매끈매끈)
(　　　　　　　　　　　　　　　　　　　　)

활동 1 다양한 것을 만져 보자!

여러분이 평소에 사용하는 것을 꼼꼼히 만져 보고, 촉감을 느껴 봅시다.
만진 물건과 촉감을 말로 아래 표에 적어 봅시다. 기분 좋은 촉감의 물건이 있다면 '마음에 쏙' 칸에 ☆을 그려 봅시다!

	만진 물건	어떤 촉감이었나?	마음에 쏙
예	수건	푹신푹신, 부드럽다	☆
①			
②			
③			
④			
⑤			

활동 2 마음에 드는 감촉

마음에 드는 것을 만졌을 때, 어떤 기분이 드나요?
기분의 변화에 주목해 봅시다.

만지기 전의 기분
보통   행복   기분 좋다
차분하다   그 외(   )

➡

만진 후의 기분
보통   행복   기분 좋다
차분하다   그 외(   )

포인트
· 촉감에 집중하는 사이, 짜증이 나거나 슬프거나 하는 나쁜 기분에서 조금 떨어질 수 있습니다.
· 특히 '마음에 쏙'에 별표를 그린 것은, 나쁜 기분에서 신경을 돌려서 좋은 기분을 느끼게 해 줄 거예요.
· 마음을 따뜻하게 해 주는 주변 사물에 관심을 갖게 해 주세요.

3 자신의 감정을 조절하기

37 몸을 움직여서 릴랙스하기

아이를 이해하기 위한 활동

몸을 움직이고 싶은데 도구가 없을 때, 에어 줄넘기를 해 봅시다.
양손에 줄을 쥔 자세를 취해 보세요. 점프나 한 발 뛰기는 자주 하는 행동인데도, 에어 줄넘기를 하면, 왠지 평소와는 다른 느낌이 들어 재미있을 거예요.

■ **에어 줄넘기하는 법**

① 우선 기본 줄넘기부터 시작합니다. "시–작!" 하고 구호를 외치고 기본 줄넘기 10회를 합니다.
② 다음은 오른쪽 발로 한 발 줄넘기를 10회 해 봅시다.
③ 발을 바꾸어 왼발로 한 발 줄넘기를 10회 해 봅시다.
④ 발을 번갈아 바꿔 가며 10회씩 해 봅시다.

줄넘기로 뛰는 흉내를 내며 점프해 보니 어떤 기분이 들었나요?

예) "즐거웠다", "힘들었다", "숨이 찼다"

활동 | 가벼운 운동으로 릴랙스하기

음악에 맞춰 피아노나 기타를 연주하는 흉내를 내거나 볼링 핀이 되어 일제히 쓰러지거나 요리를 만드는 흉내를 내는 등, 도구나 정리가 필요 없고 언제든지 어디서든지 가볍게 즐길 수 있는 운동입니다.

❶ 다 같이 협력하여 줄넘기를 해 봅시다. 한 줄로 서서 "시—작" 구호에 맞춰 미리 정한 횟수를 함께 뛰어 봅시다.

❷ 실컷 뛰었다면 바닥에 누워 뒹굴뒹굴 구르며 눈을 감아 봅시다.

❸ 그만('짝' 하고 박수를 치고). 멈춘 자세로 눈을 떠 봅시다. 다들 지금 어떤 기분일까요?

포 인 트

· 일상생활 속에서 생각대로 되지 않는 것도, 움직임을 통한 상상의 세계에서는 활기찬 모습이나 잘 해낸 자신을 체험함으로써 스트레스를 해소하고 긴장을 풀 수 있습니다.
· 활동 끝에는 호흡을 가다듬는 움직임을 넣는 등, 심신을 진정시킨 후 현실 상황에 돌아올 수 있도록 합니다.

38 색으로 기분이 바뀐다

아이를 이해하기 위한 활동

사실 우리 주변에는 갖가지 색이 넘쳐 납니다. 색은 마음에 다양한 기분을 들게 합니다. 자신이 가장 좋아하는 색, 마음이 평온해지는 색, 가슴을 뛰게 하는 색을 알 수 있습니다.

1. 빨강, 주황, 초록, 파랑을 보고 떠오르는 말을 골라 보세요.

빨강(　　　), 주황(　　　), 초록(　　　), 파랑(　　　)

- 따끈따끈
- 상쾌하다
- 초조하다
- 평온하다
- 산뜻하다
- 차분하다

2. 어떤 색을 좋아하나요? 그 이유도 적어 보세요.

좋아하는 색 _____

이유 _____ 이니까

활동 1 자신의 주변에서 색 찾기

학교에 있는 사물들의 색을 관찰해 봅시다.

	색	기분
교실 벽의 색		
철봉의 색		
천장의 색		
보건실 침대의 색		

활동 2 색칠 놀이

다양한 색을 써서 아래 그림을 색칠해 봅시다.

포인트

· 색에는 인상이 있습니다. 브랜드 로고의 색이나 가전제품의 색, 음식점에서 사용되는 색이나 꺼리는 색 등이 있으므로, 여러 장소나 도구를 관찰하면 재미있는 발견을 할 수 있습니다. 또한, 색이 기분을 바꾼다는 것을 배우는 기회가 됩니다.

3 자신의 감정을 조절하기

39 어떤 냄새를 맡으면 기분이 좋아질까?

아이를 이해하기 위한 활동

매일 다니는 학교나 교실에 다양한 냄새가 있지만, 코가 그 냄새에 익숙해져서 다양한 냄새를 맡지 못하는 것일지도 모릅니다. 하지만 길었던 방학이 끝나고 오랜만에 교실에 들어갔을 때, 왠지 멋진 향기가 난다고 생각한 적 없나요?

1. 자신의 주변에 향기가 나는 것을 찾아보세요.
   생각이 떠오르지 않을 때는 주변을 둘러보며 찾아보세요.
   ① 　　　　　　　　　　　
   ② 　　　　　　　　　　　

2. 그 향기를 맡으면 어떤 생각이 드나요? 아래에서 고르거나, 자유롭게 적어 보세요.
   ①을 맡았을 때의 느낌 　　　　　　　
   ②를 맡았을 때의 느낌 　　　　　　　

   좋은 향기, 신기한 향기, 향기로운 향기, 마음이 차분해지는 향기, 가슴이 두근거리는 향기

활동 1 좋아하는 향기를 찾아보자

학교 안이나 교실 안에 있는 것 중에서 좋아하는 향기가 나는 것을 찾아 봅시다.

좋아하는 향기가 나는 것 ① _____

좋아하는 향기가 나는 것 ② _____

좋아하는 향기가 나는 것 ③ _____

> '좋은 기분'이란, 차분해지는 느낌, 잡생각이 들지 않고(느껴지지 않고), 행복한 기분이 되는 것을 말합니다.

활동 2 집 안에 있는 멋진 향기를 찾아보자

집 안에서 좋은 냄새가 나는 것을 찾아 봅시다.

　　　　　　　　　　　　　　　어떤 냄새

· 부엌의 요리에서　　　　(　　　　　　　　　　　　　　　　)

· 엄마의 화장품에서　　　(　　　　　　　　　　　　　　　　)

· 마당의 잡초나 나무에서　(　　　　　　　　　　　　　　　　)

· 세탁한 셔츠에서　　　　(　　　　　　　　　　　　　　　　)

포인트

· 매일 당연하게 맡는 향기(꽃향기, 비누, 과일 등) 중에, 자신의 마음이 차분해지는 향기가 숨어 있습니다. 활동을 통해서 자신을 기분 좋게, 차분하게 만드는 향기를 찾아봅시다.

· 후각은 감정에 직접 작용할 수 있다고 알려진 감각입니다. 예를 들어, 기분이 우중충할 때, 자신이 좋아하는 향기를 의식하여 맡으면 기분이 좋아질 수 있다는 것을 알려 주세요.

40 나의 스트레스 해소법

아이를 이해하기 위한 활동

짜증이 나거나 불안할 때, 스트레스에서 스스로 자신을 지킬 수 있다면 좋겠지요. 자신을 구하는 스킬을 '코핑(Coping)'이라고 합니다. 많은 방법이 있으므로 스트레스가 없을 때 여러 방법을 시험해 보고, 자신에게 맞는 방법을 몇 개 골라 두면 안심이 될 거예요. 자신에게 효과가 있던 것을 '나의 방법'으로 정해 놓으면 좋겠지요.

짜증이 나거나 불안할 때를 상상해 보세요.
그때, 무엇을 하면 짜증이나 불안이 줄어들었는지 생각해 봅시다.

- 뛴다 (줄어든다 · 줄어들지 않는다)
- 좋아하는 놀이를 한다 (줄어든다 · 줄어들지 않는다)
- 즐거웠던 여행 사진을 본다 (줄어든다 · 줄어들지 않는다)
- 말장난을 생각한다 (줄어든다 · 줄어들지 않는다)
- 엄마와 이야기한다 (줄어든다 · 줄어들지 않는다)
- 그 외에 떠오르는 것을 적어 보세요.

( )

활동 나에게 꼭 맞는 코핑을 찾아라!

❶ 다 같이 자신에게 효과가 있을 것 같은 짜증이나 불안 해소 방법을 이야기해 봅시다. 그중에서 다섯 가지 방법을 골라, 순서대로 1분씩 해 봅시다.

≪코핑 회로 5≫

심호흡 / 티슈를 잘게 찢기 / 색칠하기 / 좋아하는 것을 리스트로 만들기 / 쿠션을 쓰다듬기

❷ 처음으로 해 본 방법을 리스트로 작성하고, 각각의 방법의 효과(얼마나 기분이 차분해졌는지)를 레벨로 나타내 봅시다.

한 순서	코핑	레벨 (○를 쳐 보자)
	심호흡	0 1 2 3 4 5 6 7 8 9 10
	티슈를 잘게 찢기	0 1 2 3 4 5 6 7 8 9 10
	색칠하기	0 1 2 3 4 5 6 7 8 9 10
	좋아하는 것 리스트	0 1 2 3 4 5 6 7 8 9 10
	쿠션을 쓰담쓰담	0 1 2 3 4 5 6 7 8 9 10

자신에게 맞았던 방법을 친구와 서로 소개하고 카드에 적어 둡시다.

내게 딱 맞는 마음이 편안해지는 방법은 [   ]

포인트

실제로 짜증이 나거나 불안할 때, 지금까지 해 본 적 없는 방법으로 기분이 안정될지는 알기 어렵습니다. 그래서 마음에 여유가 있을 때, 짜증이 난 자신이나 불안한 자신을 상상하며 시험해 보는 것이 중요합니다. 어떤 방법이 효과적이었는지 주변 어른도 알고 있으면, "이전에 했던 그거 해 보자." 하고 실제 상황에서 말을 건네기가 쉬워집니다.

칼럼 ❸

친구와 감정

집단에 잘 적응하지 못하는 아이를 볼 때 '감정 컨트롤'이라는 키워드를 쓰게 됩니다. '내키는 대로' 행동하면 집단 속 친구와 좋은 관계를 맺기 어렵다는 의미도 가지고 있습니다.

여기에는 '초등학교에 입학할 나이라면, 자신의 감정 컨트롤은 어느 정도 할 수 있을 것'이라는 발달적인 시각이 있을 것입니다.

하지만 이러한 문제를 안고 있는 아이가 적지 않습니다. 원인으로는 자신의 감정을 그대로 주변 사람들이 받아 주고 공유하면서 고조된 감정을 삭이거나 가라앉은 기분을 다시 일으킨 경험을, 어른과의 관계 속에서 자연스럽게 배울 수 있는 기회가 줄어들었기 때문입니다. 그 외에도 다른 아이와 여러 어른과 접할 기회가 줄어드는 등 다양한 요인에서, 감정의 발달이 제대로 진행되지 않았다는 시각으로 아이의 상태를 파악해야 합니다.

초등학교 고학년인 A의 예를 들어 보겠습니다. 그 아이는 기쁜 일이 있어 기분이 고조되면 흥분을 가라앉히지 못하고, 친구를 양팔로 끌어안고 빙빙 돌리려고 합니다. 한편 기분이 내키지 않을 때는 책상에 몸을 던지거나, 볼을 부풀린 얼굴을 하며 누가 말을 걸어도 대답하지 않습니다.

자신의 감정을 정말로 솔직하게 밖으로 표현하는 것이지만, 주변 아이들이 그 아이를 달래거나 치켜세워야 하는 등 많은 고생을 하고 있었습니다. 선생님의 능숙한 지도 덕분에 친구들과 그럭저럭 관계를 유지했지만, 점점 주변 아이들이 피곤해한다는 것을 알게 되었습니다. 업, 다운이 심한 감정 기복에 A 자신도 휘둘리는 것 같습니다.

자신을 위해서도, 주변 사람들을 위해서도 감정을 컨트롤할 필요가 있습니다. 그러기 위해서는 감정에 대한 지식·이해, 그리고 제대로 컨트롤하기 위한 스킬이 필요합니다.

4 친구와 잘 어울리기

41 주위 사람과의 관계를 깨닫기

아이를 이해하기 위한 활동

여러분이 생활하는 장소에는 어른이나 자신보다 나이가 어린 친구, 피부색이 다른 사람, 같은 반 친구나 다른 반 친구, 출신지가 다른 친구 등 다양한 사람이 있습니다. 그중에서도 나와 잘 맞는 사람, 이야기할 때 즐거운 사람이 있습니다. 친구와 지내며 즐거웠던 일이나 이야기했던 일을 떠올려 보고, 자신의 주위에는 다양한 사람이 있다는 것을 알아 봅시다.

1. 오늘은 누구를 만났나요?

- 길고양이
- 친구
- 근처 편의점 점원
- 선생님
- 할아버지
- 할머니
- 개와 산책하는 사람
- 친구의 아빠 · 엄마

2. 오늘은 누구와 무엇을 했나요?

[　　　　　] 와 [　　　　　　　　　　] 를 했다

> **활동** 주변에 어떤 사람이 있을까?

❶ 이름을 적어 봅시다.

❷ 여러분의 주위에는 어떤 사람이 있나요?
아래 그림에 이름을 적어 봅시다. 이웃 사람이나 가게의 점원도 떠올려 봅시다.

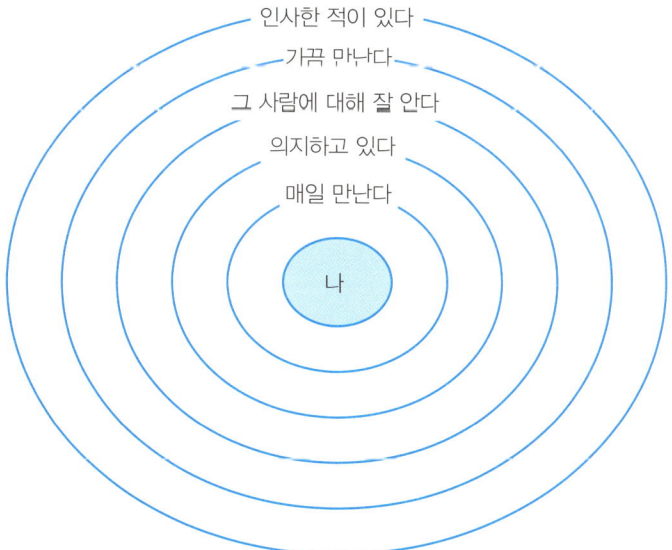

> **포인트**
> · 저학년은 친구와 가까워지기도 하고 멀어지기도 하는 시기입니다. 물어볼 때마다 친구가 달라질 수도 있지만, 주위에 다양한 사람들이 있다는 것을 느끼는 것이 중요합니다.
> · 친구와 '함께 있으면 즐거워.'라고 생각하는 마음이나 신뢰감이 든다면 안심하고 지낼 수 있게 됩니다. 안심하는 관계 속에서, 깊게 몰두하여 놀면서 충실감을 얻을 수 있습니다.

4 친구와 잘 어울리기

42 친구는 어떤 사람?

아이를 이해하기 위한 활동

친구는 어떤 사람인가요? 이름은? 어떤 옷을 입고 있었나요? 어떤 머리 모양을 하고 있었나요? 함께 놀면 어떤 기분이 들었나요? 같이 놀 때를 떠올리며 생각해 봅시다.

1. 친구와 무엇을 하며 노는 것을 좋아하나요?

2. 친구가 말해 줘서 기뻤던 말은 어떤 말이었나요?

3. 앞으로 친구와 무엇을 하고 싶나요?

활동 1 　친구는 어떤 사람?

❶ 친구를 생각하면 떠오르는 키워드를 적어 봅시다.

❷ 친구는 어떤 사람? 어른에게 이야기해 봅시다.

예 : 같은 반 친구, 좋아하는 것이 같은 친구, 우리 집 가까이에 사는 친구

활동 2 　아빠, 엄마의 친구를 조사해 보자.

❶ 아빠에게 "아빠 친구는 어떤 사람이에요?"라고 물어봅시다.

----

❷ 엄마에게 "엄마 친구는 어떤 사람이에요?"라고 물어봅시다.

포 인 트

· 어른이 긍정적으로 이야기를 들어 주면 친구와의 관계에 자신감을 가질 수 있습니다. 친구의 이야기를 하면서 화제를 공유하고 커뮤니케이션하는 시간을 가져 봅시다. 친구의 이미지를 전하기 위해 다양한 어휘를 쓰므로 어휘력이 좋아지게 됩니다.
· 함께 노는 친구가 있다는 것은, 또 함께 놀고 싶다는 의욕으로 이어집니다. 그것이 마음의 안심으로 이어져, 더욱 풍부한 친구 관계를 형성하게 됩니다. '내일도 유치원이나 학교 가고 싶어!'라고 기대하는 마음으로 발전합니다.

43 마음의 말 주머니를 생각해 보자

아이를 이해하기 위한 활동

평소 사이가 아무리 좋더라도 친구와 의견이 다를 때가 있습니다. 상대방의 말이나 태도에서 어떻게 생각하는지 추측하면 친구의 마음을 더욱더 잘 이해할 수 있게 됩니다.

위의 그림을 보고 대답해 보세요.

1. "밖에서 놀자."라고 말한 아이는 어떤 마음으로 말했을까요?

2. 다른 아이에게 "난 싫어!"라는 말을 들어서, 밖에서 놀자고 말한 친구는 어떤 기분이 들었을까요?

3. 여러분이 만약 밖에서 놀자고 말하는 아이라면, "싫어", "집에서 놀고 싶어"라고 말하는 아이에게 어떤 말을 할까요?

'누가', '누구에게', '무엇을 해서', '어떻게 생각했는지'에 포인트를 두고, 입장이 바뀌면 기분이 달라진다는 것을 가르쳐 줍니다.

활동 1 롤플레잉

아래 A, B, C, D의 역할을 각각 번갈아 맡아 봅시다.

① A "우리 반 장기 자랑은 연극으로 하지 않을래?"
   B "난 싫어. 하기 싫어."
   C "노래가 더 나을 것 같아."
   D "……." (아무 말도 없이 상황을 지켜본다)

② 각각의 역할을 했을 때 느낀 기분을 서로 이야기해 봅시다. 말하기 어려울 때는 아래 이모티콘을 써서 전해 봅시다.

즐겁다 　두근두근한다　 화난다 　슬프다 　괴롭다 　기분이 나쁘다 　곤란하다

'무언(無言)'이라도 기분이 없는 것은 아니라는 것도 가르쳐 주세요. 아이들이 하기 전에 어른이 본보기를 보여 주면, 롤플레잉을 하며 느낀 깨달음이 깊어집니다.

활동 2 다른 누군가가 되어 편지를 써 보자

물건이나 생물이 되어 편지를 써 봅시다.

예) 지우개로부터
　　연필로부터
　　우리 집 강아지로부터
　　나팔꽃으로부터

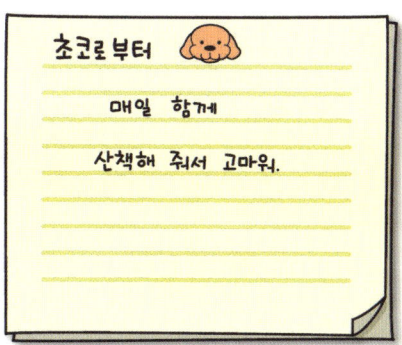

포인트

· 자신의 기분을 중심으로 사물을 생각하거나 행동하면 상대방이 불쾌할 수도 있습니다. 입장이 바뀌면 감정도 달라진다는 것을 이해시켜 주세요.
· 활동을 통하여, '상대방은 이런 기분이 드는구나.' 하고 새로운 깨달음을 얻을 것입니다.
· 사람은 저마다 각자의 생각을 가지고 있다는 것을 알게 하고, 자신과 생각이 다르다고 해서 그 사람의 기분을 부정하지 않도록 가르칩니다.

44 친구가 되어 보자

아이를 이해하기 위한 활동

불안이나 긴장을 많이 해서 적극성이 부족하고 친구들 무리에 끼지 못하는 아이, 친구들과 함께 놀지 못하는 아이가 있습니다. 친구가 되어 달라고 말을 거는 방법에 대해 구체적으로 가르쳐 주세요.

1. 일러스트의 오른쪽 여자아이는 어떤 기분일까요?

☐ 같이 놀아 주지 않을까 봐 불안하다 ☐ 누구에게 말을 걸어야 할지 모르겠다
☐ 아무도 말을 걸어 주지 않아서 슬프다 ☐ 놀이에 끼워 주지 않아서 초조하다

2. "같이 놀자."라고 말하지 않는다면, 친구는 어떻게 생각할까요?

예) 술래잡기를 하고 싶지 않구나 / "같이 놀자."라고 말해 주면 좋을 텐데

3. 같이 놀고 싶어 하는 아이가 있다면 여러분은 어떻게 할 건가요?

활동 1 **생각해 보자!**

**친구들과 같이 놀고 싶을 때, 여러분이라면 어떻게 할 건가요?
(   )에 ○를 쳐 봅시다.**

❶ 누구에게 말할까요?
　　사이가 좋은 아이　　　　　(　　)
　　가까이에 있는 아이　　　　(　　)
　　중심에 있는 리더인 아이　　(　　)

❷ 뭐라고 말할까요?
　·용기를 내서 "저기 있잖아, 다음 판부터
　　같이 놀자."라고 말한다　　(　　)
　·"나도 하고 싶어."라고 큰 소리로
　　씩씩하게 말한다　　　　　(　　)
　·"같이 하자."라고 말한다　　(　　)

활동 2 **해 보자!**

페어 롤플레잉을 통해 실제로 해 봅시다.

어른이 모델을 보여 주고 나서 함께
합니다. 그때, 표정, 목소리의 크기 등도
의식해서 연기해 봅시다.

싫어하는 아이에게 억지로 시키지
않도록 주의합니다.

포인트

· 아이가 행동할 때, 자신의 감정에 휘둘려서 행동할 수 없을 때가 있습니다. 그 감정은 그 아이의 상황이나 느끼는 것에 따라 달라질 수 있습니다.
· 작은 표현이라도 해냈을 때, 친구들 무리 속에 잘 들어갔을 때, 친구들과 사이좋게 지낼 때, "잘 해냈구나", "친구들이랑 같이 노니까 즐겁겠구나"와 같이 아이에게 피드백을 주세요. "나도 같이 놀자."라고 말할 수 있는 자신감을 키울 수 있습니다.

4 친구와 잘 어울리기

45 싸워도 화해할 수 있다

아이를 이해하기 위한 활동

사소한 일이 싸움으로 번질 때가 있습니다. 싸움할 땐 상대방을 화나게 하고 말아, 서로 기분이 나빠진 상태에서 자신의 의견을 내세우며 말다툼을 합니다. 하지만 이것은 상대방의 기분을 생각할 수 있는 소중한 기회입니다. 이 시간을 거쳐서 화해하면 원래의 사이로 돌아갈 수 있습니다.

1. 왜 싸움이 되었을까요?

2. 여러분이 울고 있는 A, 놀고 있는 B였다면, 어떤 기분이 들었을까요?

A

1. 화가 난다   2. 분하다   3. 슬프다   4. 짜증이 난다

B

1. 화가 난다   2. 분하다   3. 슬프다   4. 짜증이 난다
5. 기분이 나쁘지만 어쩔 수 없이 포기한다

> **활동** 생각해 보자!

말다툼하는 아이들이 있습니다. 두 사람은 이후 어떻게 하면 화해할 수 있을까요? 화해의 말을 생각해 봅시다.

예)

 바보라고 한 것 같은데.

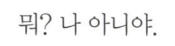 뭐? 나 아니야.

 …… 잘못 들었나? 그렇구나, 미안해.

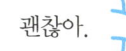 괜찮아.

포인트

- 화해는 "미안해."라고 솔직하게 사과하면 "괜찮아."라고 그것을 용서하는 것에서 성립합니다.
- 아이가 "미안해."라고 상대방에게 사과했을 때, "괜찮아."라고 받아들였을 때는 반드시 충분히 칭찬해 주세요.
- "싸움은 나쁜 거야. 하지만 제대로 화해한 건 잘했어." 등, 잘한 부분은 확실히 칭찬해 줍시다.
- 화해하고 칭찬받은 경험을 통해, 싸움을 해도 화해라는 절차를 밟으면 원래 사이로 돌아갈 수 있다는 것을 깨닫습니다.
- 결과적으로 싸움할 때는 화해가 무엇보다도 중요하다고 인식하게 됩니다.

46 상냥하게 부탁하는 스킬

아이를 이해하기 위한 활동

자신이 원하는 것을 다른 사람이 갖고 있을 때는, 무리하게 뺏는 것이 아니라 "빌려줘."라고 부탁하는 것이 수고받음의 시작입니다.
하지만 상대방은 "빌려줘."라고 말했다고 반드시 "그래."라고 말하지 않습니다.
여기서, 빌리기 위해서는 어떻게 하면 좋을지 생각해 보도록 합시다.

1. 친구가 쓰고 있는 것을 빌리고 싶을 때, 여러분은 어떻게 하나요?

2. 자신이 소중히 하는 것을 친구가 빌려 달라고 한다면 어떻게 하나요?

활동 부탁하는 방법은 여러 가지

자신이 왜 빌리고 싶은지 이유를 말해 봅시다. 자신이 쓰고 싶다고 해도 상대방이 그것을 쓰고 싶을지도 모르고, 상대방이 소중히 여기는 물건일지도 모릅니다. 자신의 입장만 생각하는 것이 아니라, 상대방의 입장도 생각하여 빌릴 수 있는 좋은 방법을 생각해 봅시다.

❶ 빌리고 싶은 이유를 말해 봅시다.
예) 그 장난감으로 놀고 싶어

❷ 상대방의 상황을 이해해 봅시다.
예) 그게 없으면 상대방이 곤란할까? 소중한 것일까?

❸ 아이디어를 제안해 봅시다.
예) 두 번 읽으면 교대하자
　　가위바위보 해서 이긴 사람이 먼저 읽자
　　시곗바늘이 맨 꼭대기에 가면 교대하자
　　내가 가지고 있는 소꿉놀이랑 바꾸지 않을래?

❹ 감사 인사 말하기
친구가 빌려주면 "고마워", "정말 기뻐"라고 감사 인사를 전합시다.
자신의 기분도 함께 말해 봅시다.

포인트

· 상대방이 거절하지 않게 무서운 말투나 강제로 빌리려고 하면 상대방의 마음은 움직이지 않습니다. 상대방도 빌려주고 싶도록, 빌려주는 것에 대한 즐거움이나 보람을 느낄 수 있도록 합시다. 도와줬으면 하는 부탁이 있다면, 상대방에게 도움이 되었을 때의 기쁨과 도움을 받았을 때 얼마만큼 도움이 될지, 고마워할지를 이야기해 보세요.
· 자신의 진심을 담아 알기 쉽게 전하고, 상대방에게 그 마음이 전해지도록 부탁하는 것이 중요합니다.
· 아무리 해도 빌리지 못했다면, 다른 장난감으로 노는 것도 한 가지 방법입니다.

47 원만하게 거절하는 스킬

아이를 이해하기 위한 활동

원만하게 거절하기 위해서는 상대방이 '날 싫어해서 거절당한 거야.'라는 생각이 들지 않도록 하는 것이 중요합니다. 우선 제일 처음 "같이 놀자고 해 줘서 고마워."라고 불러 준 것에 대한 고마움을 말해 보세요. 그리고 "미안해, 지금은 블록으로 놀고 싶어. 다음에 같이 술래잡기하자."라고 '지금'의 기분을 확실히 전하고, 만약 다음에 불러 줄 때는 긍정적으로 생각하도록 해요. 아무래도 싫을 때는, 분명하게 "미안해, 술래잡기 별로 안 좋아해."라고 함께 노는 것이 싫은 것은 아니라는 마음을 전합니다.

1. "싫어."라고 거절당하면 여러분은 어떤 생각이 드나요?

   ---

2. 거절하는 이유를 어떻게 설명하나요?

활동 | 권유하기·거절하기 롤플레잉

두 사람이 한 조가 되어, 함께
술래잡기하자고 하는 아이, 블록 놀이를
하고 싶어 거절하는 아이 역할을 맡습니다.

❶ "술래잡기 같이하자."라고 권유합니다.
❷ 권유받은 아이는 "같이 놀자고 해 줘서
고마워."라고 인사를 합니다.

❸ "미안. 지금은 다리가 아파서 블록 놀이를
하고 싶어."라고 거절하는 이유를 전합니다.

❹ "술래잡기는 다음에 하자. 블록 놀이
같이하지 않을래?"라고 제안해 봅니다.

❺ "술래잡기하고 싶으니까 다음에 하자."라고
하며 다른 친구를 찾으러 갑니다. 또는,
"그래, 같이 블록 놀이하자."라고 블록 놀이를
함께 합니다.

포인트

· 거절당한 사람은 적잖이 기분이 나빠질 것입니다. 모두가 같은 것을 하고 싶을 수는 없다는 것을
이해하는 것이 중요합니다.
· 거절할 때는, 사과와 이유를 전하는 것이 중요합니다. 거기에 대안(다음에 하자)을 제시한다면 더욱
좋겠지요.
· 한 살 한 살 나이를 먹을수록 곤란한 일을 권유받는 경우가 생길 수도 있습니다. 그럴 때는, 단호하게
"안 할 거예요."라고 거절해야 합니다.
· 아무리 해도 잘 맞지 않는 친구들이나, 거절했을 때 기분이 상하는 상대방도 있을 것입니다. 그럴 땐
살짝 거리를 둔다거나 피하는 게 상책이라는 것도 가르쳐 주세요.

4 친구와 잘 어울리기

48 마음이 전해지는 사과법

> 아이를 이해하기 위한 활동

어라? "미안해!"라고 사과했는데 친구가 아직도 화내며 용서해 주지 않아요! 어쩌다 이렇게 되어 버린 걸까요? 상대방에게 생각을 전할 때, 자신이 생각한 것과 다르게 받아들여지는 경우가 있습니다. 같은 말인데 왜 그렇게 됐을까요? 그때의 말투나 거리·표정을 떠올려 보고 생각해 보세요.

여러분은 어떻게 사과하면 용서해 줘야겠다고 생각하나요? 아래 예를 참고하여 적어 보세요.

예) · 큰 소리로 사과한다
· 웃으면서 사과한다
· "미안해! 미안해! 미안해!"라고 여러 번 반복하여 사과한다
· 내 쪽을 보지 않고 사과한다
· "미안해!"라고 말하고 바로 어딘가로 간다

활동 1 사과 방법의 포인트

달리다가 맞은편 친구와 부딪쳐 친구가 만든 공작물을 부수고 말았다.
"미안해."라고 말했는데 용서해 주지 않았다. 어떻게 사과하면 좋을까?

① 사과하는 역, 사과받는 역을 번갈아 가며 해 봅시다.

② 사과하는 역·사과받는 역을 할 때, 어떻게 느꼈는지 말해 봅시다. 상대방의 사과 방법은 어땠나요? 서로에게 감상을 이야기해 봅시다.

활동 2 사과 방법의 세 가지 포인트

① 어떤 얼굴(표정)을 하고 사과했나요?
  - 실실 웃지는 않았는지? 화난 얼굴을 하지는 않았는지?
  - 자신은 어떤 표정을 하고 있었나? 거울을 보고 연습해 보자.
  - 상대 아이는 어떤 얼굴(표정)을 했나?
  - 상대의 눈을 보고 이야기해 보자(부끄럽다면 코를 보자).

② 목소리의 크기는 어땠나요?
  - 성난 목소리는 아니었는지?
  - 너무 작아서 들리지 않았던 것은 아닌지?
  - 목소리 크기의 조절도 필요하구나.

③ 거리
  - 상대방과 너무 가깝진 않았는지?
  - 너무 가까우면 싫어하는 아이도 있으므로 팔을 뻗을 정도의 거리를 두는 게 좋다.

포인트

- 말로 사과하더라도 표정이나 몸짓이 동반되지 않으면 상대방에게 마음은 전해지지 않습니다. 상대방의 마음이 되어, 어떤 표정과 몸짓을 하면 좋을지 생각해 보도록 합니다.
- '미안해', '괜찮아'의 주고받음은 어디까지나 문제 해결 방법의 하나입니다. "미안해."라고 그 자리에서 말하지 못하더라도 반성의 마음이 상대방에게 전해지고, 다음에 같은 일을 반복하지 않는 것이 중요합니다. 말로 사과하는 방법 등 형식에 구애받지 않고, 문제 해결을 위해 무엇이 중요한지를 생각할 수 있도록 해 주세요.

49 문제 해결의 단계

아이를 이해하기 위한 활동

학교에서는 친구와 지내다 보면, 고민이나 곤란한 일이 많이 생길 것입니다. 그럴 때 어떻게 하면 좋을까요? 천천히 상황을 정리하면서 문제를 해결하는 방법을 함께 생각해 봅시다.

1. 잠깐 한눈판 사이에 친구가 여러분이 쓰고 있던 공으로 놀고 있습니다. 여러분은 그 친구에게 뭐라고 말할 건가요?

   (   )

2. 친구가 공을 가져가 버렸을 때 여러분의 기분은? 알맞은 것에 ○를 쳐 보세요. 맞는 것이 없다면 (   )안에 자유롭게 적어 보세요.

   - 곤란하다
   - 슬퍼진다
   - 짜증 난다
   - 포기한다
   - 그 외(   )

활동 곤란한 일 해결 시트

- 자신이 쓰던 공을 친구가 마음대로 써 버렸을 때, 여러분이라면 어떻게 할 건가요? (   )안에 해결 방법을 써 보세요.
  (   )

- 다른 사람이라면 이럴 때 어떻게 할까요? 반 친구들에게 물어보고, 자신과 다른 해결 방법 세 가지를 찾아 봅시다.
  (친구의 해결 방법 ①…   )
  (친구의 해결 방법 ②…   )
  (친구의 해결 방법 ③…   )

- 지금까지 나온 해결 방법 중에서, 여러분이 가장 써 보고 싶은 방법을 골라 봅시다.
  (   )

- 여러분이 가장 써 보고 싶은 방법을 쓴다면 어떤 결과가 기다리고 있을까요? 예상해 봅시다.
  (예: 친구와 싸우지 않고 공을 돌려받았다)
  (   )

자신의 해결 방법으로는 공을 돌려받지 못하거나 공을 돌려받아도 친구와 사이가 나빠지는 등의 문제가 생긴다면 선생님이나 가족의 해결 방법도 들어 보세요. 다른 사람의 해결 방법을 들었을 때도, 그 해결 방법을 쓰면 어떻게 될지 예상해 봅시다.

포인트

- '갑자기 화내는 게 아니라, 상대방의 의견과 주장을 존중하면서 자신의 마음을 전하는 것이 중요하다.'라는 깨달음을 주세요.
- 친구와 이야기를 하면서 자신이 생각지도 못했던 해결 방법을 알게 되는 기회를 늘려 갑니다.
- 곤란에 처한 일에 대해 해결 방법을 몇 가지 생각하여 결과를 예상해 보고, 좋은 방법을 실행하는 문제 해결의 단계를 가르칩니다.

4 친구와 잘 어울리기

50 다 함께 즐겁게 노는 방법

아이를 이해하기 위한 활동

놀이를 정하지 못하여 곤란한 상황은, 아이들이 생활 속에서 자주 겪는 일입니다. 함께 놀이하는 아이들에 맞춰 규칙을 바꾸는 등, 모두가 즐길 수 있도록 궁리하는 것이 중요합니다. 예를 들어, 그 게임을 몇 번이나 해 본 아이들 속에 처음 해 보는 아이가 끼게 되면, '간단한 규칙'으로 바꾸어 게임을 해야 모두가 함께 즐길 수 있겠지요.

1. 놀이를 정하지 못했던 적이 있었나요? 그 원인은 무엇이었나요?

   (   )

   예) 규칙이 어렵다 / 하고 싶은 놀이가 제각각이었다

2. 여러분이라면 어떻게 할 건가요?

활동 놀이 규칙 회의를 하자

다 함께 놀기 위해서, 규칙에 대해 아이들끼리 이야기를 나눠 봅시다.

① 처음으로 '경찰과 도둑'을 하는 아이에게 규칙을 어떻게 설명할지 생각한다.
   (예 : 경찰과 도둑으로 팀을 나누고, 경찰이 도둑을 쫓아가 터치해서 감옥에 집어넣는다.)

② 처음 하는 아이가 어려워할 것 같은 게 있나?
   (예 : 경찰인지 도둑인지 알 수 없어서 잘못 터치하면 싸움이 될지도 몰라.)

③ 어떻게 하면 다 같이 재미있게 할 수 있을지 아이디어를 내 보자.
   (예 : 다른 색의 조끼를 입거나 모자를 쓴다.)

④ 그 외에 개선하면 좋을 것 같은 것은?
   (예 : 감옥 앞에서 경찰이 망을 보면 도둑이 절대로 도망가지 못하기 때문에 놀이가 시시해진다. 망보는 범위를 정한다.)

완성된 규칙은 알기 쉽게 화이트보드나 큰 종이에 써서 붙여 둡니다.

포인트

- '처음 하는 아이에게 어떻게 설명할 것인가'를 생각하며, 그 놀이의 규칙과 재미를 재차 확인합니다. '어떤 장면에서 문제가 생길지'를 생각하는 것으로, 자신과 친구가 어떤 부분에서 어려움을 느끼는지 알 수 있습니다.
- 여기에서 만든 규칙이 설령 틀렸다 해도, 하고 난 후에 다 같이 이야기 나누어 보다 좋은 규칙을 만들 수 있습니다.
- 형식에 구애받지 않고, 그 자리에 있는 아이들이 하기 쉽도록 규칙을 정하여 놀 수 있게 합니다. 놀이 규칙은 지키기 위한 것이 아니라, 자신들이 즐기기 위한 것임을 가르쳐 주세요.

4 친구와 잘 어울리기

칼럼 ❹

놀이와 감정

누군가가 부탁해서가 아닌, 마음이 가는 대로 하고 싶은 것을 편안하게 하는 것이 자유로운 놀이의 이미지입니다. 일과 공부처럼 '해야 하니까 한다'는 것이 아니라 스스로 놀고 싶다는 마음에서 하는 행동입니다.

뇌는 자발적으로 정하고 적극적으로 행동하는 것을 통해 성장하고, 능동적으로 움직였을 때의 쾌감은 수동적인 행동을 했을 때보다 훨씬 강하다고 합니다. 능동적인 활동을 통해 뇌가 강하게 활성화한다는 것입니다. 그러므로 놀이라는 능동적인 행동은 즐겁기도 하면서 뇌에 좋은 자극을 줍니다.

놀다 보면 다양한 기분을 느끼게 됩니다. 예를 들어, 술래잡기나 숨바꼭질 등 잡힐지도 모르는 놀이는 두근두근함과 불안, 함께한다는 즐거움이 있습니다. 제트 코스터의 스릴, 유령의 집의 무서움 등도 그곳에서 스스로 논다는 의사가 있다면, 모두 즐거움이 됩니다. 모래밭에서 커다란 산에 터널을 뚫는 아이, 진흙으로 동그랑땡 만들기에 몰두하여 진흙투성이가 된 아이는 묵묵히 끈기 있게 해냄으로써, 완성했을 때의 기쁨을 맛보게 될 것입니다.

승패가 갈리는 놀이에서는 져서 분한 기분을 느끼기도 합니다. "이제 안 해!"라고 울거나 화내는 모습도 보이지요. 하지만 친구와 열심히 한 것을 공유하는 기쁨, 승패의 흥분과 다음에는 이기려는 의욕으로 이어지면서 이것 또한 놀이의 즐거움이 됩니다.

노는 것만으로 그 순간 맑은 기분, 상쾌한 기분을 느끼는 것도 중요합니다. 또한, 놀이를 통하여 규칙이나 약속을 지키는 것과 다 같이 서로 도와주며 친구와의 관계도 배울 수 있습니다. 놀이를 통해 즐거운 기분을 맛보면서, 인간은 뇌를 활성화하고 살아갈 힘을 몸에 기르며 행복한 마음을 쌓아 갑니다.

●참고 문헌

【인용 문헌】

일반 사단 법인 일본 앵거매니지먼트협회 감수 (2015)『일러스트판 아이의 앵거매니지먼트 화를 컨트롤하는 43가지 스킬』합동출판

와나타베 야요이 편집 (2011)『아이의 감정 표현 워크북』아카시서점

와타나베 야요이 (2015)『중1 차이를 극복하는 방법 우리 아이를 따돌림·등교 거부에서 지키는 육아법』다카라지마샤

【문헌】

호무라 히로시 (2017)『(펴서 읽기) 번외편 독서는 필요해? 당신의 '세계'를 바꿀지도』아사히신문 2017년 4월 16일

아카가와 지로 (2017)『이매지네이션 지금, 가장 필요한 것』고분샤문고

아카가와 지로 (2010)『강연 책의 세계를 여행하며 ~'읽기'에서 '쓰기'로~』제37회 전국 학교 도서관 연구 대회 연구 집록

와타나베 야요이 (2019)『감정의 정체−발달심리학으로 마음을 매니지먼트하다』치쿠마쇼보

● 대상 연령, 대상 인원수의 참고 예

		연령(유아, 초등학교 저학년)	연령(유아, 초등학교 저학년)
1	자신의 감정 깨닫기		
	1) 사고법과 기분의 관계	초등학교 저학년	반별
	2) 기분을 표현하는 다양한 말	유아, 초등학교 저학년	개별, 반별
	3) 감정에는 여러 가지 종류가 있다	초등학교 저학년	반별
	4) 기분은 몸으로 나타난다	유아, 초등학교 저학년	개별, 반별
	5) 자신의 표정을 보자	초등학교 저학년	개별, 반별
	6) 기분을 표정으로 드러내 보자	유아, 초등학교 저학년	전부 해당
	7) 몸짓으로 기분을 표현하자	유아, 초등학교 저학년	전부 해당
	8) 기분은 목소리와 연결되어 있다	초등학교 저학년	개별, 반별
	9) 자신의 '버릇'을 찾아보자	초등학교 저학년	개별, 반별
	10) 감정을 표현해 보자	유아, 초등학교 저학년	전부 해당
	11) 시간이 흐르면 기분은 변화한다	초등학교 저학년	개별, 반별
2	다른 사람의 감정 깨닫기		
	12) 친구의 기분을 이해하는 말을 찾자	유아, 초등학교 저학년	개별, 반별
	13) 몸짓에서 기분을 생각해 보자	유아	반별
	14) 상대방의 기분을 목소리로 이해하기	유아	개별
	15) 불쾌한 기분이란 무엇인가?	유아, 초등학교 저학년	반별
	16) 모두 다양한 기분을 가지고 있다	초등학교 저학년	개별, 반별
	17) 기분에는 강약이 있다	초등학교 저학년	개별
	18) 친구의 좋은 점을 찾아보자	초등학교 저학년	반별
	19) 주변 사람이 곤경에 처했다면	초등학교 저학년	개별, 반별
	20) 친구의 기분에 다가가 보자	초등학교 저학년	개별, 반별
	21) 친구와 어울릴 수 있는 말	초등학교 저학년	전부 해당
3	자신의 감정을 조절하기		
	22) 왜 기분을 조절해야 할까?	초등학교 저학년	개별, 반별
	23) 작은 짜증을 내뱉자	초등학교 저학년	개별, 반별
	24) 짜증을 컨트롤하는 스킬	초등학교 저학년	반별
	25) 긴장을 풀기 위해서	초등학교 저학년	개별, 반별
	26) 무서워서 어쩔 줄 모를 때는 주문을 외워 보자	초등학교 저학년	개별, 반별
	27) '미안함'을 방해하는 기분	초등학교 저학년	개별, 반별
	28) 참는 힘 기르기	초등학교 저학년	개별, 반별
	29) 사물을 보는 시각을 바꾸는 리프레이밍 방법	초등학교 저학년	개별, 반별
	30) 다시 일어서는 힘(회복력) 기르기	초등학교 저학년	개별
	31) 기분과 행동의 관계를 이해하기	초등학교 저학년	개별
	32) 기운이 나는 방법을 찾아보자	유아, 초등학교 저학년	반별
	33) 음식의 맛있음을 느껴 보자	초등학교 저학년	개별, 반별
	34) 주변 소리에 귀 기울여 보자	초등학교 저학년	개별
	35) 천천히 호흡하자	유아, 초등학교 저학년	개별
	36) 마음이 편해지는 촉감을 찾아보자	초등학교 저학년	개별, 반별
	37) 몸을 움직여서 릴랙스하기	유아, 초등학교 저학년	개별, 반별
	38) 색으로 기분이 바뀐다	초등학교 저학년	개별, 반별
	39) 어떤 냄새를 맡으면 기분이 좋아질까?	초등학교 저학년	개별, 반별
	40) 나의 스트레스 해소법	초등학교 저학년	개별, 반별
4	친구와 잘 어울리기		
	41) 주위 사람과의 관계를 깨닫기	유아, 초등학교 저학년	반별
	42) 친구는 어떤 사람?	유아, 초등학교 저학년	개별
	43) 마음의 말 주머니를 생각해 보자	유아, 초등학교 저학년	개별, 반별
	44) 친구가 되어 보자	초등학교 저학년	개별, 반별
	45) 싸워도 화해할 수 있다	유아, 초등학교 저학년	개별, 반별
	46) 상냥하게 부탁하는 스킬	유아, 초등학교 저학년	반별
	47) 원만하게 거절하는 스킬	유아, 초등학교 저학년	개별
	48) 마음이 전해지는 사과법	유아	반별
	49) 문제 해결의 단계	초등학교 저학년	개별, 반별
	50) 다 함께 즐겁게 노는 방법	초등학교 저학년	반별

후기

아이들을 보고 있으면, 이 얼마나 에너지 넘치는 존재인가 하고 감탄할 때가 있습니다. 하고 싶은 것과 즐거운 것에 전력으로 맞서 가며 엄청난 기세로 놉니다. 한편, 주위 상황에 대해 냉정한 판단이나 자신의 행동과 그 결과와의 관계를 이해하는 힘은 아직 기대할 수 없습니다. 그래서 "이걸 이렇게 하고 싶어!"라는 생각이 한번 친구와 부딪치면 순식간에 문제가 일어납니다. 어른은 그러한 문제를 아이들 스스로 해결하길 바라지만, 자신의 기분과 요구를 설명할 힘이 부족한 단계에서 그것은 어려운 주문일 것입니다.

"친구의 마음을 이해하는 아이, 사이좋게 지낼 수 있는 아이가 됐으면 좋겠어요." 많은 보호자와 선생님께서 이렇게 말씀하십니다. 슬퍼하는 친구에게 공감하고 위로하거나 격려하거나 혹은 자신의 행동으로 친구의 기분이 나빠진 것을 알아차리고 그것을 하지 않거나……. 그런 아이로 커 준다면 정말로 멋지겠지요. 하지만 '좋은 아이'로만 있으려고 한 나머지, 자신의 기분을 감추고 자유롭게 행동하지 않거나 친구의 반응이 신경 쓰여서 친구 사이를 제대로 즐기지 못한다면 어떨까요?

저는 아이들과 만날 때, 우선 '여기에서 어울리는 것은 안전하고 즐거운 것'이라고 느낄 수 있도록 심혈을 기울입니다. 그러면 아이들 각각이 자기 생각을 솔직하게 표현하기 시작하고 충돌이 일어납니다. 그럴 때, 어른이 사이에 들어가 상황을 정리하고, 자신의 마음과 친구의 마음이 다름을 확인해 나갑니다. 각각 사람의 마음에 다름이 있다는 것을 이해하면, "다음에는 나한테 양보해 줘."라고 말하며, 친구가 말하는 것을 받아들일 수 있게 됩니다.

그럼, 저와 이 책과의 관계는 어떻게 시작되었을까요? 어머니를 갑자기 잃고 일 년 정도가 흐른 벚꽃이 필 무렵, 감수자인 와타나베 야요이 선생님께서 "아이들의 감정을 키우는 데 도움이 되는 활동을 만들고 싶다."라는 이야기를 해 주셨을 때로 거슬러 올라갑니다. 그 무렵 저는 일 때문에 배운 회복력과 마인드풀니스가 어머니를 잃은 슬픔을 극복하는 데 도움이 되었던 것에, 진심으로 감사한 마음을 품고 있었습니다. 아이들을 위한 활동이 제 자신에게 도움이 될 줄은 조금도 생각해 본 적 없지만, 아이의 감정을 키우려고 한 것이 실은 제 감정을 키운다는 것을 실감하였습니다. 자신의 감정을 정리하고 건강한 상태로 있는 것이 아이들을 건강하게 만든다고 믿습니다. 아이들의 튼튼한 감정의 성장을 기원하며, 일상 속에서 실천하고 있는 활동, 아이디어를 정리하여 스무 명의 동료와 함께 편집하였습니다. 거기에 와타나베 야요이 선생님께서 감수를 맡아 주셔서 범용성을 갖추게 되었습니다. 그리고 합동출판사 편집부의 사이토 아키코 씨께서 책을 쓰는 데 정말 큰 도움을 주셨습니다.

이 책의 활동이 아이들에게는 물론, 아이들과 관련된 저희 어른에게도 활력을 줄 수 있길 마음 깊이 바랍니다.

후지사와시립 오오바초등학교 교사
기무라 아이코

ILLUSTBAN KODOMO NO KANJORYOKU WO UPSURU HON JIKOKOTEIKAN WO
TAKAMERU KIMOCHI MANAGEMENT 50 by Aiko Kimura
Supervised by Yayoi Watanabe
Copyright ⓒ Yayoi Watanabe, 2019
All rights reserved.
Original Japanese edition published by GODO-SHUPPAN Co., Ltd.
Korean translation copyright ⓒ 2019 by LUDENS MEDIA Publishing Co., Ltd.
This Korean edition published by arrangement with GODO-SHUPPAN Co., Ltd., Tokyo,
through HonnoKizuna, Inc., Tokyo, and Shinwon Agency Co.

이 책의 한국어판 저작권은 Shinwon Agency 를 통해
GODO-SHUPPAN Co., Ltd. 와 독점 계약한 루덴스미디어㈜에 있습니다.
저작권법에 의하여 한국 내에서 보호를 받는 저작물이므로 무단 전재 및 복제를 금합니다.

역자 안수지

어릴 적부터 일본 문화에 관심이 많아 중학생 때 일본어 공부를 시작했다. 동국대학교에서 부전공으로 일어일문학을 이수하였고, 저작권 에이전시와 출판사를 거쳐 현재 프리랜서 번역가로 활동하고 있다. 번역서로는 『농담곰의 여유만만 간단 영어회화』(소미미디어), 『자존감 높이기』(루덴스미디어)가 있다.

- ● 편저   기무라 아이코 (후지사와시립 오오바초등학교)
- ● 집필   고바야시 아키코 (시즈오카대학)   가와무라 에리코 (이쿠에이유치원)
            이와사키 사호코 (후지사와시립 다이시미즈초등학교)   가와무라 게이 (이쿠에이유치원)
            이노에 야스코 (오다와라시립 치요초등학교)   히라야마 유이치로 (도쿄카세이대학)
            모리시마 나오코 (시나가와구립 쵸난제2초등학교)   후지노 사오리 (호세이대학 대학원)
            무라카미 치에코 (베네세 코퍼레이션)   고다가 사유리 (호세이대학 대학원)
            오오카와 마치코 (LITALICO)   구사가이 유카리 (호세이대학 대학원)
            도바 미키코 (시즈오카시립 유이유치원)   다나카 유키 (호세이대학 대학원)
            샤우라 류타 (도쿄하대학)   다카하시 아이 (치바메이토쿠단기대학)
            하세가와 다카코 (보육사)   다시로 고토미 (호세이대학 대학원)
            하라다 에리코 (도쿄정보대학)   오이카와 치사토 (도쿄가쿠게이대학 대학원)

루덴스미디어

똑똑하게 레벨 업 시리즈 ❺
마음 다루기

감수 와타나베 야요이
편저 기무라 아이코
역자 안수지
찍은날 2019년 11월 25일 초판 1쇄
펴낸날 2025년 2월 25일 초판 6쇄
펴낸이 홍재철
편집 정연주
디자인 박성영
마케팅 황기철·안소영
펴낸곳 루덴스미디어(주)
주소 경기도 고양시 일산동구 무궁화로 43-55, 604호(장항동, 성우사카르타워)
홈페이지 http://www.ludensmedia.co.kr
전화 031)912-4292 | 팩스 031)912-4294
등록 번호 제 396-3210000251002008000001호
등록 일자 2008년 1월 2일

ISBN 979-11-88406-72-2 74180
ISBN 979-11-88406-33-3 (세트)

결함이 있는 책은 구입하신 곳에서 바꾸어 드립니다.
값은 뒤표지에 있습니다.

이 도서의 국립중앙도서관 출판시도서목록(CIP)은 e-CIP홈페이지
(http://www.nl.go.kr/ecip)에서 이용하실 수 있습니다. (CIP제어번호 : 2019047391)